コンバット・システマ――
テクニックを超えた自然な動きと知恵

# システマ
# 戦闘学

COMBAT SYSTEMA
fighting principles

システマ・ロサンゼルス代表
三谷愛武



BABジャパン

# はじめに

「俺の流派？　戦わずに戦う武術と呼んでもいい」
(ブルース・リー)

映画『燃えよドラゴン』に出てくる言葉だが、相手をそそのかして戦わずに退けるというストーリー展開で示されていた。しかし、もっと深い意味があるようで、長い間印象に残っていたセリフである。

その意味は、システマを学んでから紐解けてきた。人を倒す、自己の身を守るということは、単純明解なようで実はそうではない。戦いは肉体的な側面だけではなく、精神や意識が関わり、人間性、道徳、哲学、自然、神秘など全てが問われ、影響されるものだ。

武術を通して、人としての在り方を学ぶ。それがシステマである。ブルース・リーが生きていたらシステマをやっていたに違いない、と疑う余地はない。

システマの原理は、世界や、人生における不変の原理でもある。だから他の武道に同じような原理があっても当然であり、実際に武術によっては重なる部分があるだろう。どんな武術でも高いレベルに行けば行くほど、お互いに交わる。なぜなら、どんな技でも人間、そしてその存在する世界の法則や、根底にある真理が同じであることがわかるからだ。

高いレベルでは、武術が武術でなくなる。武術以前の領域に答えが発見される。システマはその教える動きや技術を通し、人生そのもの、生き方、存在のあり方、生きることの意味や、目的を考えさせてくれる。さらにその上まで広がる大きな世界に比べれば、戦い方や技法は小さなものである。

戦っているうちは、それがわからない。誰でも若い時は血気盛んで、負けまいと戦うものだ。原理や哲学なんてどうでもいい。ただ喧嘩に勝ちたい、試合に勝ちたいという思いで格闘技をやる。それはそれでいいが、格闘技はいずれやめる時がくる。身体がボロボロになったり、体力が衰えたり、賢くなったり、単に勝負する以上のものが武術にあるはずだと気づいたり……。

競技ルールで戦う狭い世界が井の中の蛙のように思え、その周りの世界を見ると無限で果てしない。ルールがあるからこそ力比べができるのであって、ルールが違えば勝敗が逆になったり、なければどうしていいかわからない。

であれば、勝つことの意味が小さくなり絶対性もなくなる。こだわる必要がなくなるから、負けてもいい。負ける過程に意識を持っていけば、学ぶことは勝つこと以上に山ほどある。優越感、挫折感、自尊心、競争心などに縛られず、純粋に学ぶことがある。

その反面、武術という極限を通らないと体操レベルで終わってしまう。そのための武術である。

時には極限まで身体を持っていかないと、隠された弱さや、秘められた力がわからない。怪我は付きものだ。危険な状況での対処だから、危険な場所に自分を投じないとわかるべきことがわからないのである。だからと言って、実際に戦場に身を置くのも現実的ではなく、乱取りやスパーリングばかりやっても、汗を掻き、ストレス発散ができるだけで、原理の理解には繋がらない。

そんな中で画期的なトレーニング法を教えてくれるのが、ロシアを起源とするシステマなのだが、その教えは普遍である。優れた技を生みだすには、それに一致した内面を養わなければならないことがわかる。そこには東洋的な内観が必要になる。それは、西洋の自由な発想と共に、東西の両文化の長所が生かされたようなユニークな練習法となっている。パンチの打ち方、受け方、倒れ方、武器の扱い方、相手の心理の捉え方、体の崩し方、関節制御、テンションの利用など、例を挙げればきりがない。

システマの素晴らしさを理解するには、まず、競技武道との違いを明確に知ることが不可欠だ。格闘技は、見てわかりやすく、エンターテインメント性が高いという性質上、人気がある。そのため、通常、人が考える戦い方は格闘技から由来するものである。しかし、路上と競技場では全てが根本的に違い、格闘技感覚でシステマを理解しようとしても、狭い観点から通用する、しないという、本質から逸れた会話になり、意味がない。そのため、両者の違いは本書の色々な章で触れている。

ルールに制限された格闘技の中で、システマを表現するのは難しいだろう。しかし、動き方、体の緩み、接触の仕方、身体構造の組み立て方など、その原理は様々な面で利用できる。全ての武術家、格闘家が、忘れていたり、疎かにしていることであり、学ぶべきものだと感じる。硬くならずにリラックスして学べるので、武道未経験者には最適である。

特に、礼法や上下関係を取っ払い、形式や戒律にも縛られない自由な練習体系は革命的であり、21世紀向けだろう。ただし、伝統武術を長年経験してきた方々は、システマの自由な体系を受け入れるのは困難かもしれない。ロシア武術も起源を遡れば長いが、日本の武道のような歴史も記録もほとんどない。そこに残っているのは、極意や理念といったものだ。そのため、形式に囚われずに原理を追求するのがシステマである。

剣道、柔道、合気道……などは、それぞれ一つの道である。道があれば、皆が同じ道を辿っていく。順路が定まり、教科書が作られる。しかし、いくら学術的に学んでも、実戦は異なる。システマは道ではない。システマは「在り方」である。そのため、決まった道もなく、決まった技もない。「システマとは何だ？」と問われても、一言で返せる答えがなかなかない。頭で考えるのではなく、身体で答えを出すのがシステマである。必然的に、人それぞれの独自性や創造性が生まれ、育まれるものだ。

しかし、本にすれば学術的になることは避けられないし、それも時には必要である。特に現代社会では頭を使うことが教育の一環となっており、言葉での手引きや、指針がないと前に進めない人が多いだろう。そのために、あえてシステマのトレーニングの中で言葉になっていなかったことも、この書では示してある。

本書を通して、「〜するな」という戒めが多く出てくる。何事にも例外はあるが、あえて強調するのは、人の習性から必要のないことを信じ、身につけ、それらが癖となり、身体能力や技術遂行の邪魔になっているからである。初めてシステマに触れる人は、非本能的であると思うかもしない。しかし、体験していくと、なぜそうなのかがわかってくると思う。

整理上、各原理、原則は大きな章に区切ってあるが、全ての項目は他の全ての項目に通じる。つまり、一つの原理は他の原理と共に働いて効果があるものだ。わかりやすく分解したつもりだが、実際には全てが重なり、繋がって働くものである。システマはあくまでも総体的なものだ。総合格闘技は、限定された格闘技の中での総合になるが、システマは、武術や武道を超えた全ての世界での総体性を持つものといえる。

最後に、伝統や歴史に縛られないシステマ武術は、流動的で進化し続けるものである。そのため、この書を書き終えた瞬間から、また新たな発想や表現が出てくるものだ。そういう意味では、あくまでも筆者の修行の過程を垣間見るようなものと考えていただきたい。なお、この書は、筆者の観点や経験から書かれたものであり、システマ創始者たちの視点を必ずしも正確に表現しているとは限らない。何れにせよ、少しでも皆様の人生や、トレーニングに役立ててもらえれば幸いである。

三谷愛武　（２０１７年８月）

**◎特別感謝**
**ミカエル・リャブコ**
**ヴラディミア・ヴァシリエフ**
**マーティン・ウィーラー**
**ヴァレリー・ヴァシリエフ**
**パット・ストロング**

# contents

# 第1章

# システマとは何だ？

# 武術ではない武術

「探求をやめてはならない。そして、全ての探求の最後は、始めにいた場所に戻ることであり、その場所を初めて知ることである」　（トーマス・エリオット）

某格闘技のチャンピオンが飲み屋で喧嘩になり、相手二人にコテンパンにやられたという話があった。拳を痛め、得意のキックは狭い空間で封じられ、一方的だったらしい。

こんな話もある。エレベーターの中で三人組がある男と喧嘩になった。イカれたその男はナイフを出して三人に切りかかった。そのうち二人は共に武道有段者であったが、刺されて重傷。武術初心レベルの一人は5箇所切られたにもかかわらず、いずれも軽傷で脱出した……。

どんな武術や格闘術を習っても、特定の戦い方に制限されて自由性がない。それぞれの限定された分野とそのルール内では強くても、一歩その外に出ると力が発揮できない。長年習ったことが通用しなかったり、かえって不利になりさえする。

本来武術には、特定の枠も制限もないはずだ。人と争う、敵と戦う、自然の脅威から身を守るという本質に、ルールも形もスタイルもなければ、場所も相手も特定されない。競技や試合は、人間が勝手に都合のいいように作っただけである。そんな狭い人工的な世界ではなく、ありのままの現実世界や、変化する情勢の中での問題解消を探求するのがシステマだ。ルールのない世界では競技は存在しない。制限なしの世界を探ると、必然的に原理と可能性の追求となる。

システマは、人間の可能性を追求し、本来ある自己の能力や器量を発見し、伸ばしていくトレーニング法である。自己の限界を探求するには、武道より他に最適な場はない。危険や脅威を前に、人は本性を現す。

恐怖、ストレス、不安などは、心理的、生理的、精神的、肉体的に人に影響を及ぼす。そんな場であるからこそ、本当の自分を学ぶことができる。

それにはまず、自己の身体と精神が、自然の法則の下でどのように機能するかを知る必要がある。人間の心と身体は、あるシステムによって司られている。さらに、より大きなシステムが、地球や宇宙を司っている。これらのシステムを無視して小さな自己本位の心で活動すると、人はパワーを失い、周りとの歪みが生じ、行き詰まるのだ。

システマの作業は、心の囚われから生じる行動パターンから自己を解放し、自由に対処できる心身を発見することだ。様々な原理を元に、多様な身体エクササイズや武術ドリル練習を通して、まだ未開発の「自己の在り方」から自己のコントロール、そしてその延長にある相手の制し方を探っていく。

システマは、従来の武道のように伝統や技を守り伝えていくものではない。人が作ったものであれば絶対ではないし、それに縛られれば自由はない。帯もなければ審査もなく、技もないから分類して体系づけるものもない。だからシステム（ロシア語でシステマ）を捉え、学ぼうと思ってもそこにはない。あるのは、武術を超えた自然の摂理と普遍の法則だけだ。

システマは、競わない極意を持つ。人と対立したり、争うことを前提としない。武術として矛盾しているようだが、それは武術以前のもっと根本的な人間としての可能性の追求だからである。喧嘩になってどうするかという狭い世界ではなく、その前に人間としてどうあるべきかを問う。競技観念が練習中に出てくるのは自然であるが、それに囚われないように自由性を磨くのがトレーニングの要だ。

可能性の追求であれば、技術が通用するかしないかの判断は脇に置くことだ。判断した時点で可能性を遮断する。技術自体に、効く、効かないという区別はない。どんな技でも、自然で理に適い、その瞬間に合えば効果を上げる。しかし、相手や事象に囚われれば自然ではなくなり、力、動作やタイミングがずれる。それでは、どんなテクニックでもかからない。

技を追求すれば、可能性はその技で止まる。であるから、技の追求よりも動作の追求をする方が、可能性が四方八方に広がり、今まで見えなかったものが見えてくるのだ。

## 想定不可能な世界
### ― システマの前提 ―

「昔の真似をするだけではダメだ……。伝統でも悪いものを捨てて、工夫を重ねなければ進歩がない」

（佐川幸義）


路上や道場外では、何の決め事もない。そんな場で単純に襲われたらどう対処できるか？　そこには格闘のルールもなければ、通常人が持つ道徳観や、人間性があるとも限らない。あるのは、その瞬間に向かってくる圧力とエネルギー、そしてそこから引き出される自分の思いと、身体の潜在的反応である。

一般の武術では、各攻防の確立したスタイルを格闘という場に当てはめて、対処法を確立する。システマの過程はその逆である。襲われた、対立したという状況の中で、ありのままの自分の姿を認識し、自然な動作を見出すものであり、流派やスタイルといったものに制限や管理をされない。状況は無限であり想定できない。

一対一の世界に限定されず、一対多数もあれば、多数対多数も念頭に置く。場所も野外、屋内、車中、狭い部屋、廊下など限りなく、足場もコンクリートから、砂浜、土、階段、坂……といくらでも考えられる。いつ襲われるかもわからず、手がふさがっていたり、足を怪我していたり、不意打ちは当たり前として捉える。夜の暗い道や、季節によっては服装や持ち物など、様々

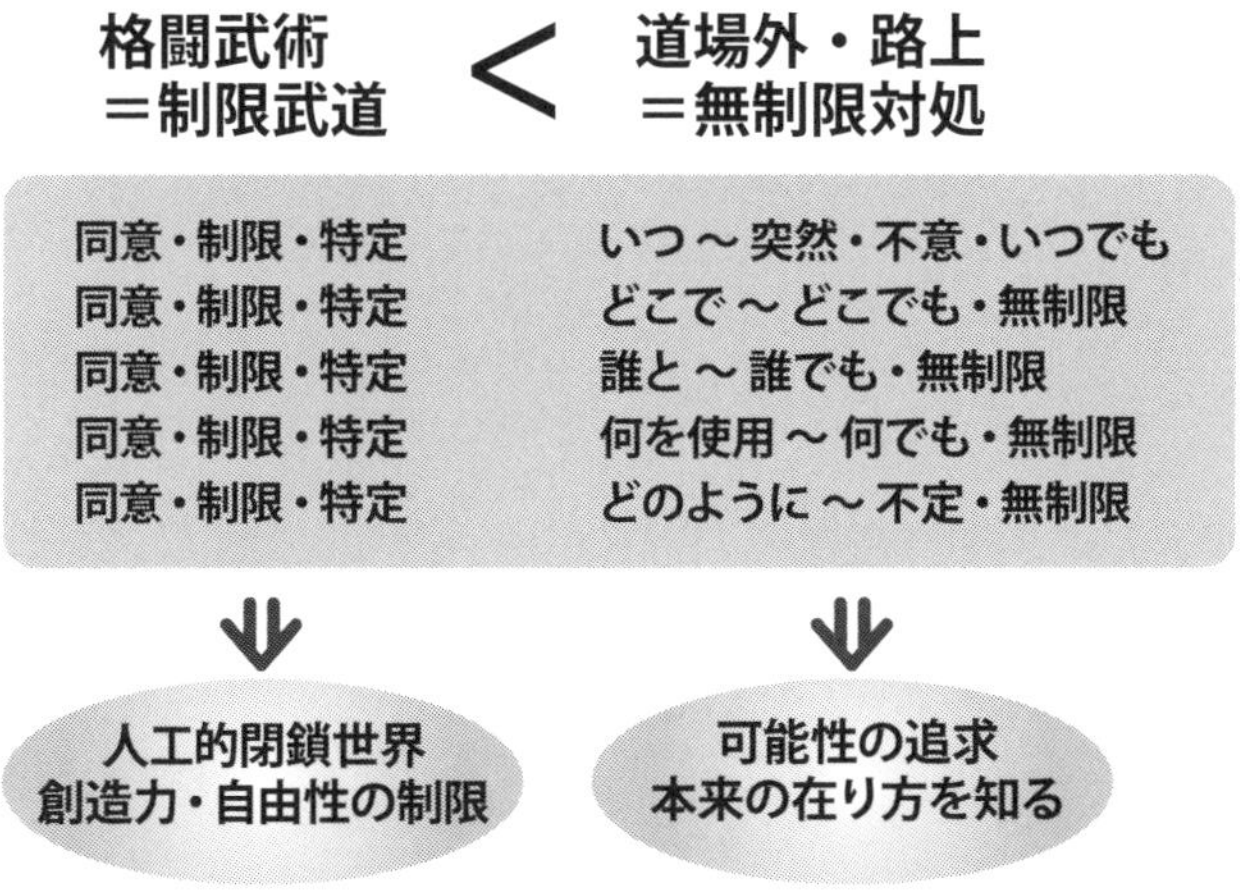


システマは、決め事のない状況を前提にしている。

な要素が変わり影響する。武器も様々な形の刃物があれば、銃、鉄棒、傘、バットなど数えればきりがない。

このように、架空である競技武道とはまるで世界が違う、現実無限の空間で存在する。

想定できない世界であれば、制限された武道観念に問題が生じる。例えば、路上で複数の人間に襲われた時、寝技は最悪になる。オフィスなどの狭い環境では投げ技も出せず、通常の打撃も効果が半減する。剣や杖に優れていても使い物にならない。広い場所であっても、相手が刃物を持っていたら掴みにも殴りにもいけない。

ほとんどの武術は、自らの技術が有利に働くような環境や状況を想定するが、現実はそれらの枠の外にある。

システマは、いつでもどこでも利用できる原理を基本とする（「4大原理」の項、参照）。何にでも対応できる自分を磨くのがトレーニングだ。例えば、ナイフで前から刺されるとは限らない。後ろや死角からくるかもしれない。倒れた状態で刺されるかもしれない。手が使えなければどうするか？　戦闘法やスタイルで制限されるのではなく、状況を制限し、その中で自己の可能性を探るトレーニングだ。

複数の相手に囲まれた状況。

複数相手に寝技での対処は避けたい。

## 対ナイフ攻撃の反応（トレーニング用ナイフ使用）

格闘技や果たし合いでなければ、危機は突然やってくる。その時、どんな心境でどんな動作が出るかを探ることで、自己の可能性を探る。

**❶Aは自然に立つ。BはAの背後から近寄ってナイフで攻撃。Cの合図でAは振り向き、攻撃を単純にかわす。**

**❷Cは合図のタイミングを変え、慣れてくれば、時にはナイフがAの背中に届くぐらいで合図する。**

**❸何度か繰り返し、Aは自分を振り返る。楽にかわす内面と動作が身についているか？　驚いて固まったり、足が迷ったり、反撃したりすることは、緊張が身体に現れている証拠だ。**

**❹緊張は恐れからくるから（路上なら本当に刺される怖さがあるし、練習でも失敗する怖さなどがある）、怖くない程度に、スピードや強度を調整して楽にか**

わせるようにする。

❺上級になれば、強度を上げたり、手を使わずにかわしたり、ステップを前、横、斜めにしたり、変化をつける。さらに、膝をついたり、尻をついたり、回転して避けたり、様々な応用がある。

避けられるかどうか自体は、それほど重要ではない。そこにいきつく過程が重要だ。当たってもいいから次の点に留意する。

▼呼吸を意識的にして、動作と一致させる。
▼敵対心を消す。
▼相手と動きを合わせる。待たない。背後のステップを感じる。
▼接触点を柔らかくする。
▼肩、腰、膝などの関節を緩め、滑らかな動作で行う。
▼考えて動かない。身体を自然に委ねる。

対ナイフ攻撃では、ぶつかりの回避と繊細な動作が特に問われる。

4

5

6

7

8

9

10

11

他にもたくさん留意点はあるが、はじめはこれで充分だ。これらの意味は全て後に出てくるので、ここでは深く考えなくてよい。

## 練習の留意点

**▼システマの練習では、受けと取りに分けるとやりやすい。上級になればもっと自由な乱取り形式で行い、受けが取りになったり瞬間ごとに変化する。攻撃側も練習なので、機械的にならず自由性を持って行う。**

**▼戦闘モードに入らず、リラックスして楽しんでやることが上達に繋がる。**

**▼日本人は形式やしきたりなどにこだわって硬くなる。西洋人は自分勝手に動きすぎるので、その中間をとる。**

**▼正確さを最初から求めると、硬くなり動きが止まるから、自由性を重視する。正確さを自由性の中に求める。**

# テクニック不在の武術

「お前が得たい最高の技は何だ？」

「技を持たないこと」

「よろしい。では相手を前にして何を思う？」

「相手はいない」

「それは、なぜだ？」

「〝私〟という言葉が存在しないから」

「続けよ」

「……優れた武術家は硬くならず、考えなしに、用意がある……機会が訪れれば、私が打つのではない。独りでに打つのだ」


（映画『燃えよドラゴン』より）

「相手がこうきたら……」の答えを学ぶのが従来のトレーニングであるが、それはそれぞれの武術の体系や、先生の教えによってすでに出されており、技や形というものに既存する。答えは制限された特定の状況でのみ生かせるが、現実の世界では実際の状況や環境が常に異なる。相手が「こうきたら、こうする」というアプローチでは、「こうきた時」にしか通用せず、現実に「こうくる」ことはまずないのである。「こうきていない」のに、「こうきた」ように対処するから、ずれが生じて上手くいかない。

「こうきたら」と仮定した段階で、答えを出す必然性を強いてしまう。「こうきたら」の答えは存在しない。なぜなら、それはまだ起こっていないからだ。禅問答ではないが、起こってない攻撃に対して答えを探しても見つからない。起こったと同時に、その瞬間、瞬間の対処、答えが出てくるのがシステマであり、真の武術である。

例えば、どこかにドライブするとしよう。わかっているのは出発地点と最終地点だけである。今はカーナビのような便利な道具があるが、なければ地図を見るだろう。道を決めて行っても、間違えた

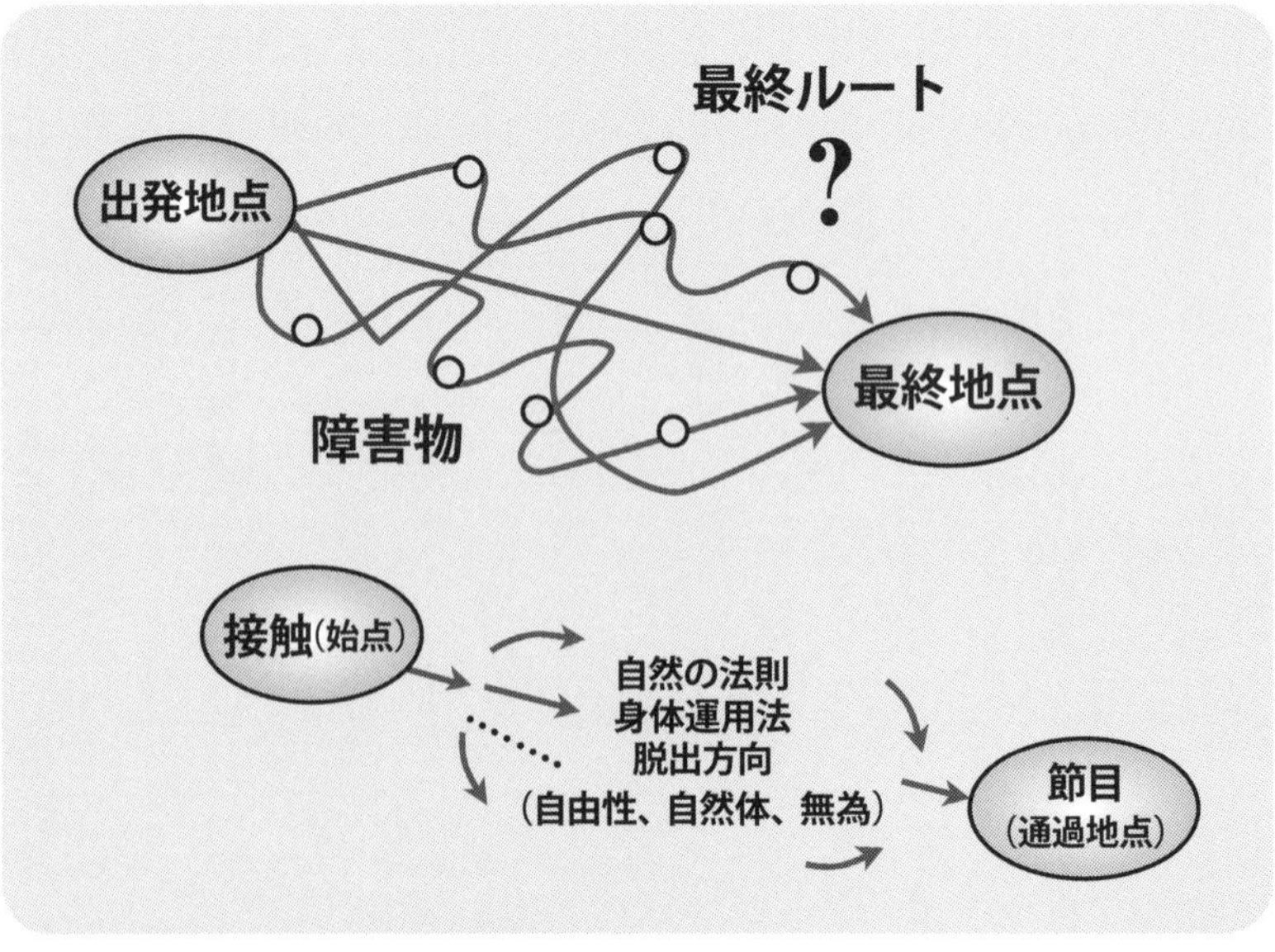


前もってどう動くかを決めても、あまり意味はない。

り、工事や事故による渋滞があったり、その都度ルートを変えながら行くことになる。決めてもあまり意味がない。必要なのは、交通ルールと運転の仕方、進む方角である。

武術は、相手という障害物が常にある。知っておく必要があるのは、自然の法則、身体の運用法と脱出する方向である。決まったテクニックを持って臨んでも、その通りにはならない。臨機応変に調整できる自由性の方が重要である。

## テクニック（技）の落とし穴

**▼テクニックは攻撃を想定して成り立つが、現実は想定不可能。**

**▼テクニックはいわば外部からの継ぎ足しで、自然ではなく作為がある。相当の練習量をもって潜在意識に組み込まれないと自分のものにならない。**

**▼身体から湧き出るものではないから、頭で考え、実際の事象に対してずれが生じる。**

**▼テクニックの成否に頼り、本来持つパワーから遠ざかる。**

**▼テクニックをいくら覚えても足りないし、ほとんど忘れるから無駄になる。**

**▼同じような攻撃を想定できても、人によって千差万別に変化する。それは人を変えて練習すれば一目瞭然である。攻撃する人によっては上手くかからない。テクニックを強いることになり、悪い癖がつく。**

テクニックは特定の条件を持って使われるものであり、絶対ではない。だから、戦う環境や条件が変われば、どんな技でも効かなくなる。想定不可、無制限の状況で特定の技が練習通りに決まることはほとんどあり得ない。逆に言えば、技が掛かるような条件はまず整わないのである。技を当てはめようとしても不自然で、無理が生じる。

テクニックがなければ、どうやって守ったり攻めたりするのか？　確かにパンチの当て方、蹴りの避け方、関節の押さえ方、極め方、武装解除の仕方、など様々な動きを知る必要はある。しかし、それらは全て決まった技として学ぶのではなく、一つ一つの動作として学ぶ。全てがパズルの一片のようなものだ。ただその一片は、無数にあるパズルに当てはまる。例えば、「○○テクニックのステップ1～ステップ7」という手順はありえない。ステップ1からステップ2の段階で、すでに無限の数が存在するからである。

動作は、言葉の語彙のようなものだ。文章は語彙の組み合わせによって自由に、その瞬間に自分の意思で作られる。演説でもなければ、人は次に言うことを自分でさえ知らない。しかし、文章を組み立てる単語や、フレーズ、文法は知っている。

テクニックを習うことは、話す前に文章を決めて言うようなものである。それでは真の会話ができるわけがない。武術も人に接することであり、動作も動きながら勝手に出てくるものである。話し出すことで言葉が流れ出る。動き出すことで技が湧き出てくる。ロシア武術の素晴らしさは、技を瞬間ごとに自分自身で発見することにある。

## テニスボールの実験

壁際に立って、誰かに5メートルほど離れたところからテニスボールを自分に向かって投げてもらう。左右上下に動いてボールを避ける。

**▼自分の動きと内面を観察する。迷いがあるか？　足がバタつくか？　肩や腰などに緊張があるか？　呼吸が止まっていないか？　パンチが飛んできても、ナイフで突いてこられても同じだ。自分の心身に何が起きるのか認識する。**

**▼当たるという怖さが身体を硬直させたり、凍りつかせる。よって動きは鈍くなり、当たる率が高まる。だから、まずボールに何度か当たってみる。大して痛くないことがわかれば、緊張が和らぐ。身体を固めて受けるのではなく、身体をリラックスさせ、弾**

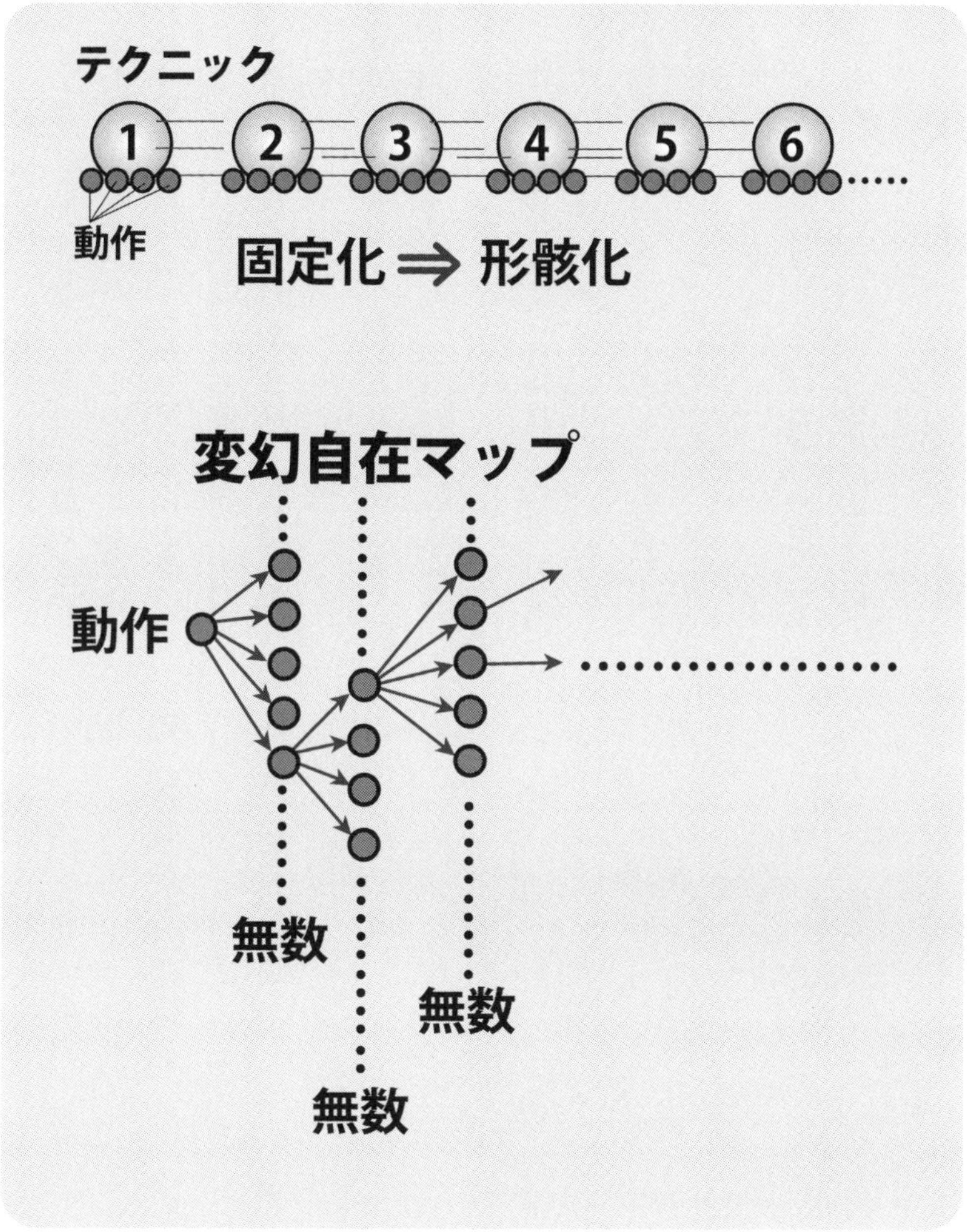


予定通りに手順を踏めることはまずない。常に瞬間ごとに無限の動きが生まれる。

くよりも吸収する感覚。
▼緩んだまま、ボールが少し外れるように動いてみる。ボールを避けるだけだから、1メートルも跳ぶ必要はない。避けられるかどうかという疑いがあれば、動きに迷いが生じて当たってしまうので、避けるというよりもボールの行方（攻撃線）から身体を外す。
▼何も考えずに、感じる方向へ動くと当たる率は低くなる。嫌な気持ちがある限り、動きが中途半端になる。当たっても気にしない。
▼さらにボールが外れるイメージを抱き、絶対外れるという確信を持って動いてみる。「外す」というイメージだと気負い、緊張を促すから、「外れる」という自然さをイメージする。慣れてきたら、最小限の動きで楽に避けるようにする。
▼ナイフやパンチを受けたりかわすことも、上記と全く同じ過程を踏んで学んでいくと、攻防の本質や内面の置き方がわかってくる。

どの方向に逃げたらいいか、頭で考えて動いては間に合わない。直感で動く。「腹黒い」という言葉があるように、本当の答えは腹の中にある。腹で意識すれば、身体が正しい方向へ動いてくれる。頭や心の判断ではなく、身体で感じるのだ。危険や攻撃を体で感じ、体で答える（「己を知る」の項、参照）。

頭で何も考えずに、ボールの行方から身体を外す。

# 武術健全体

## ―健康でなければ戦うどころではない―

「私の同意なしに、誰も私を傷つけることはできない」
（マハトマ・ガンジー）

2012年、東日本大震災で多くの犠牲者が出た。生と死を分けた人々の違いは何であっただろうか？運が悪かったと片付けてしまうこともできる。しかし武術的に考えれば、亡くなった方々の中には、もう少し健全であれば生き残れた人もたくさんいたはずである。生と死は時には紙一重ではないだろうか。波に流されて必死の思いで何かにしがみついて生き残れた人もいれば、その瞬間に手が数ミリ届かなかったために亡くなった人もいるだろう。

一気に波に呑まれたり、一瞬で重い落下物に当たってしまえば、細かい動作やタイミングなどは無意味かもしれない。しかし、そこに行き着く前の予感、認識、判断、選択、動作など、脱出できる可能性はいくつもあるはずだ。それには囚われない心、緩んだ身体、自由な動きといった健康状態が前提となる。そんな姿が武術健全体である。

病気や怪我をしていては、充分に力を発揮し、危機を脱することも戦うこともできない。であるから、危険に遭遇した時でも、武術的な運動機能を要する時でも、心身の健康が条件となる。健康が損なわれれば、精神的にも肉体的にも歪みが生じる。競技はキャンセルできるが、路上ではそうはいかない。必然的に、健康第一で、戦闘第二ということになる。

ただし、武術健全体とは、怪我や病を持っていない完全な状態を指すのではない。怪我や不自由があっても、その時点で自分の可能性を最大限に発揮できる状態をいう。不自由さを他の部分で補える自由性を心身に持ち、本来の力を阻む要因を精神的に清掃した状態である。

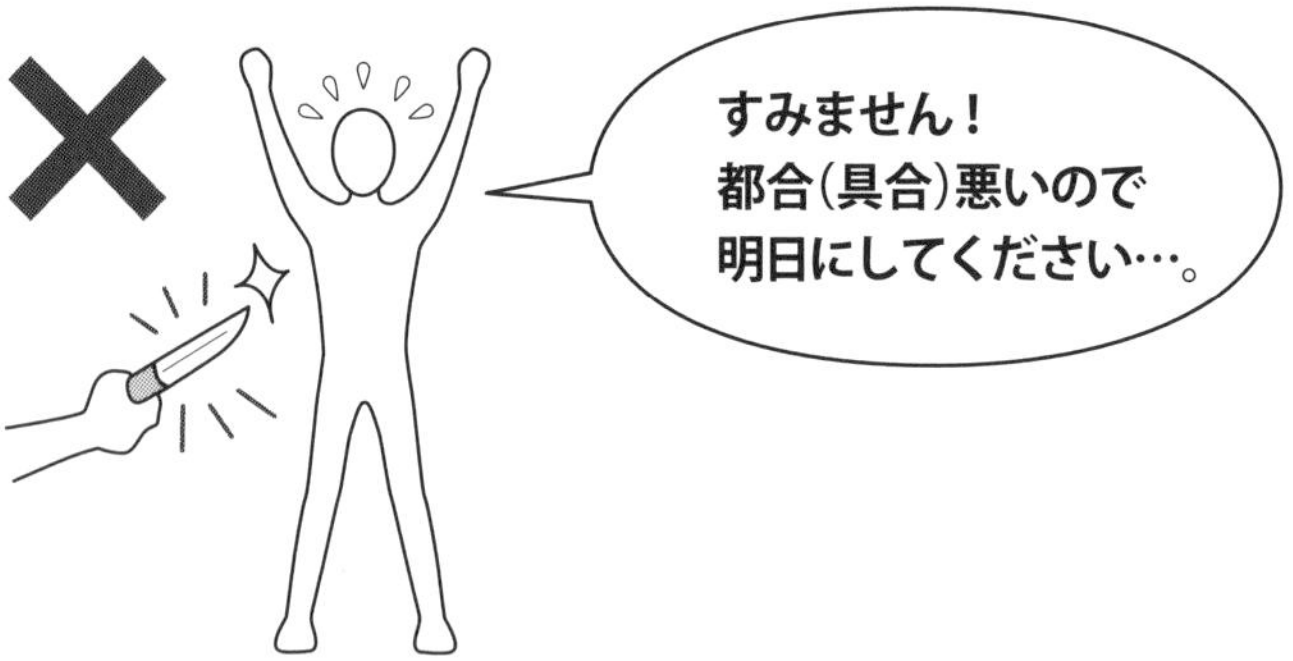


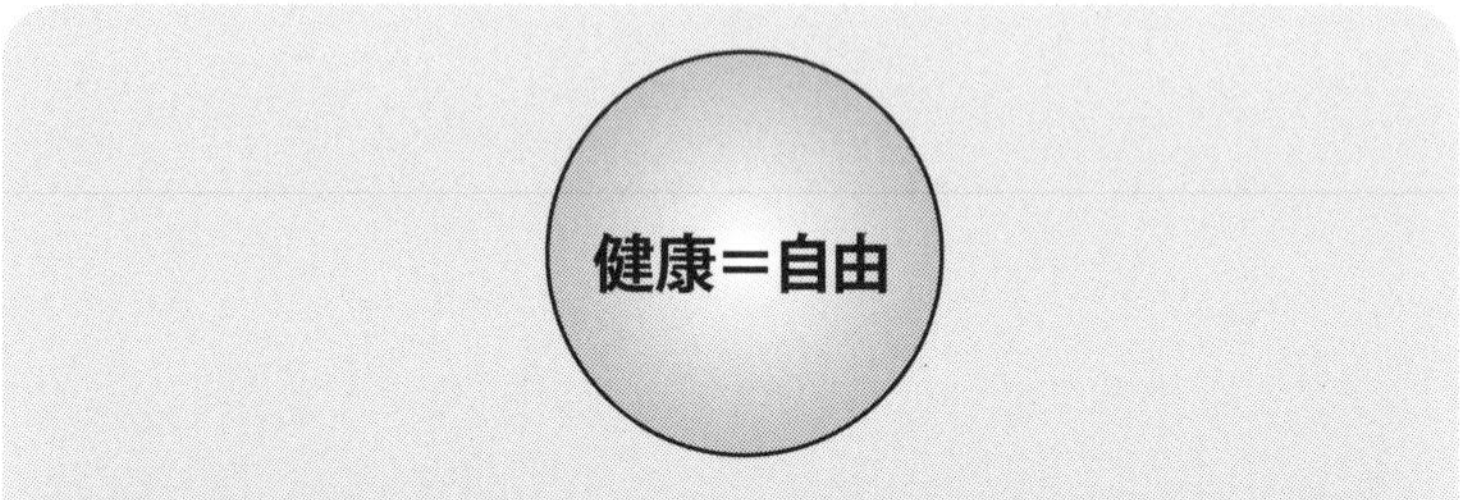

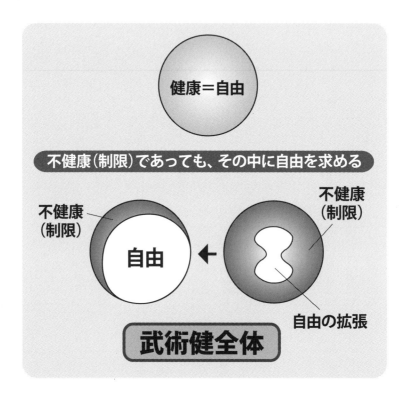


武術としても、戦いの技術を身につけるより、健全体であることのほうが遥かに重要だ。

常に、自由な自分と身体の可能性を探求していくことが主眼になる。そうすれば、道場でトレーニングする2時間が武道ではなく、人生そのものが武道となる。日常生活そのものがトレーニング場だ。

## 緊急時の応用 ～武術健全体の条件

### ▼動きの探究

普段から動きの可能性を追求していないと、成長期を過ぎれば範囲はどんどん狭まる。緊急の時にだけ動こうと思っても無理である。

### ▼プラスの思考

普段から心を豊かにしておかないと、マイナス状況を前にして急にプラスに心は働かない。

### ▼自由な意識

明らかな怪我人、障害者、病人などもいるが、表には出ない心や精神の病を抱えている人はもっといるだろう。体の病も心から……全ては自分の内面である。自分の心の制限を解くようなトレーニングが、日々必要である。

片腕が使えない時に、どんな対処の可能性があるか。自由な箇所をどのように最適に使うか。片脚が不自由でも、地震や火事の際にどうやって逃げるか。

普段の生活でも、制限されることはいくらでもある。場所、時間、周囲の人や物などによって、自分の行動は制限される。しかし、どんな制限でも、自己が課する制限である。それを解くのも自己だ。だから、自分自身を健全自由に保つことで、周囲の制限に対処できる（「自由体のパワー」の項、参照）。

健康の鍵は動きにある。食べないで生きる人はいるらしいが、動かないで健康になる人はいない。骨を折った経験があれば、手足を固定したまま数か月動かさないとどうなるか、知っているだろう。筋肉は衰え、機能が低下する。だから、回復療法が大事になる。最良の状態で動くことが健康を導き、理想的な武術体に繋がるのである（「途切れない動作」の項、参照）。

不健康であれば動きが止まる。身体の苦痛、心の不安などが動きを止める。動きが止まれば、身体が硬くなる。それが癖になると身体は固まっていき、分かれているはずの箇所が癒着しだす。それがある期間を過ぎるとどうなるか、想像つくだろう。誰かに襲われることを恐れるよりも、そんな身体になることを恐れた方がいい。

筋肉や関節だけではない。筋膜、腱などの結合組織が固まると、筋肉や関節の動きに自由性がなくなり、慢性的に痛みを生じさせる。人の体は、動くように設計されているのである。

## 動かないことの代償

**▼筋肉、関節、結合組織などがくっつき、圧縮され、慢性的な痛みを生じる。**

**▼肉体が固まり、動きの自由度が減少し、可動域が狭まる。**

**▼血流が悪くなり、栄養も行き届かず、体内機能が衰える。**

**▼痛いから余計動かないという悪循環になる。**

**▼戦うどころではない。体も心も収縮し、死に早く向かう。**

人は動くために存在する。動かなければ、武術では死んだも同然だ。止まって防御することは不可能に近い。動くことが健康に繋がり、生命を伸ばし、相手の攻撃から逃れ、災害の危機から脱出する可能性を高める最高の方法である。

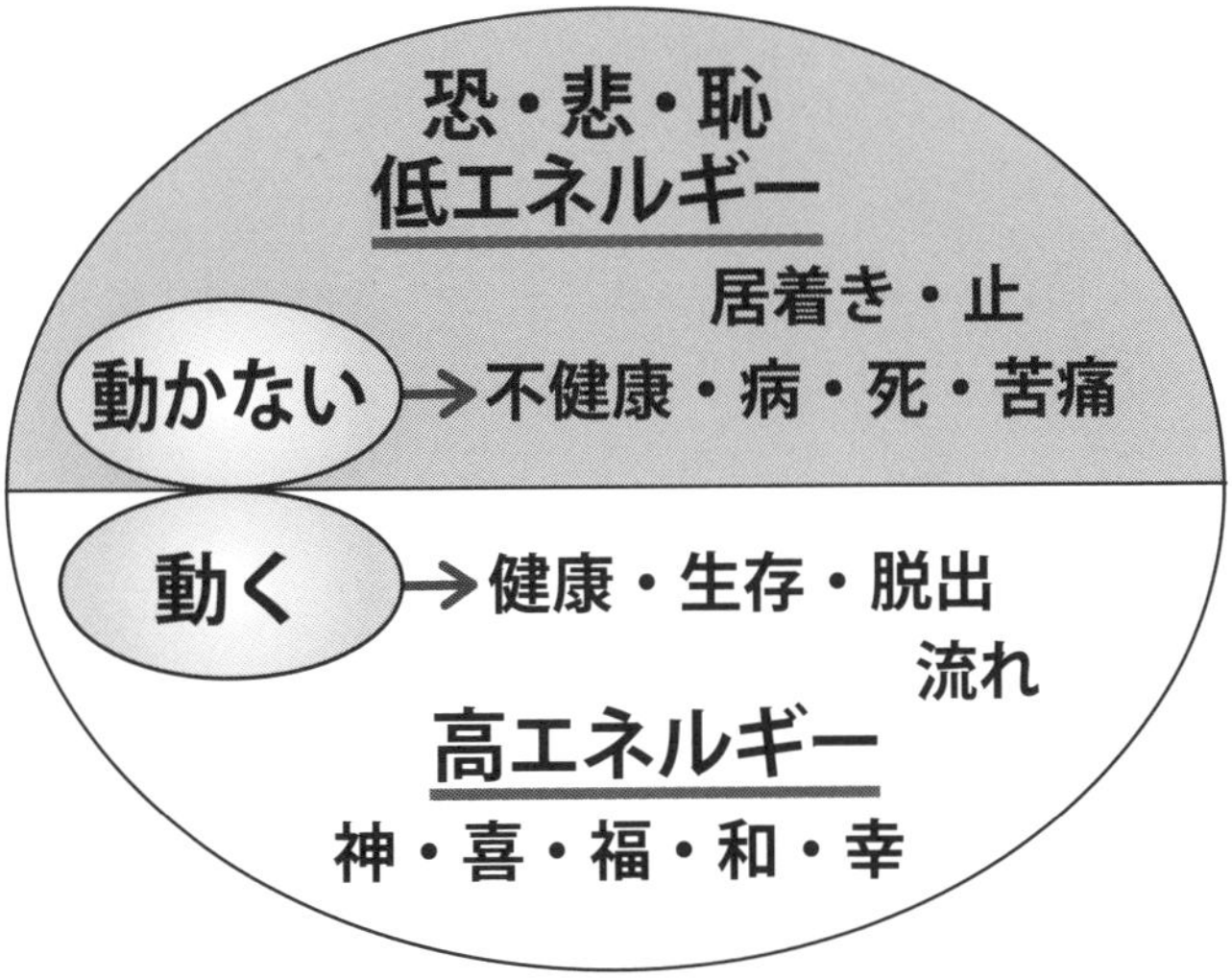


動き続けることの重要性を知る。

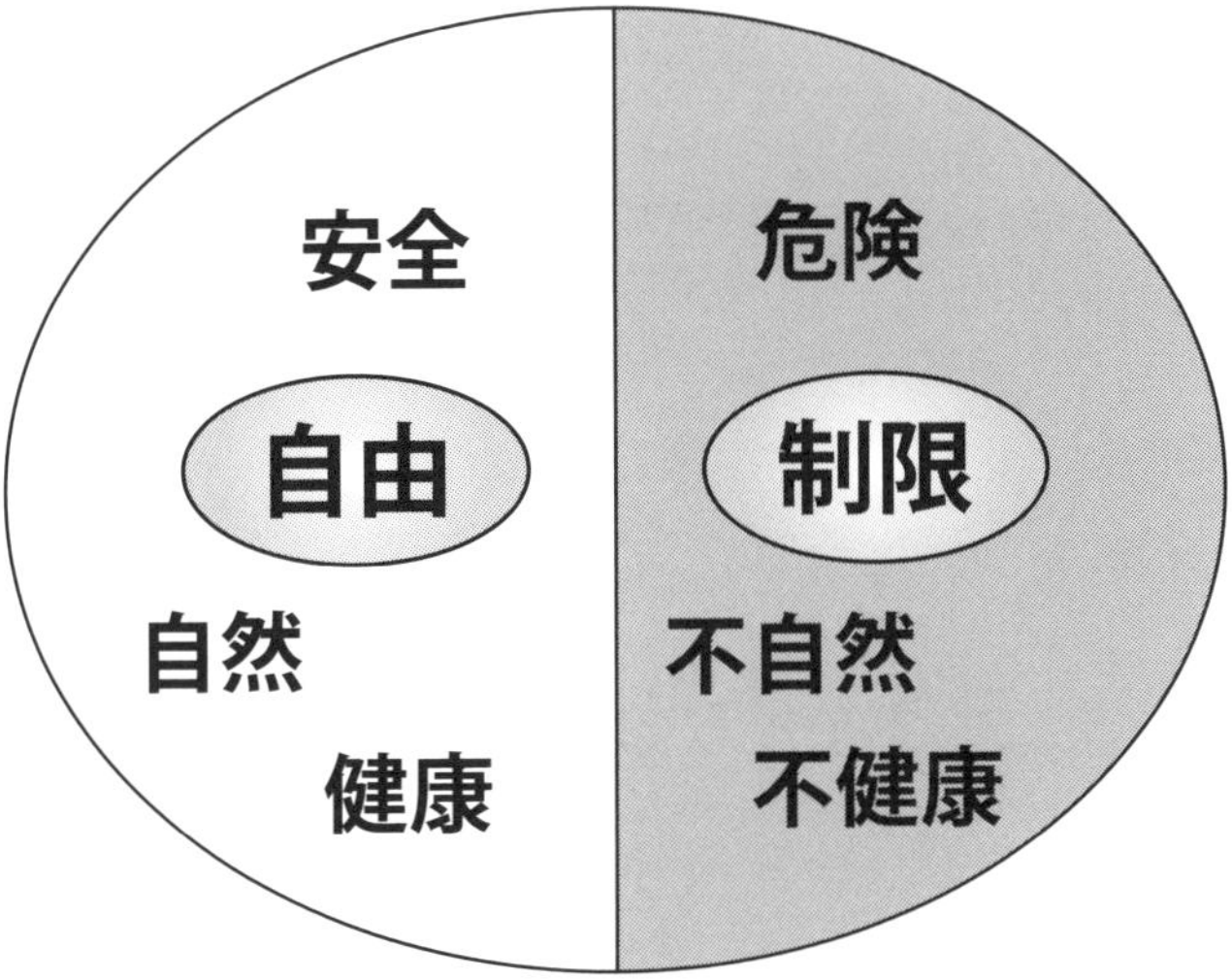


自己に自由な心身さえあれば、周りの状況に制限を受けない。

# 己を知る

「彼を知り己を知れば、百戦殆からず」（孫子）

いきなりナイフを突きつけられたら、あなたはどんな反応をするだろうか？　もちろん、その反応や行動はケースバイケースであり、個人差がある。危険と恐怖にさらされた時、状況によって叫ぶ人もいれば、凍りつく人もいるし、抵抗して戦う人もいるだろう。

相手と対峙した時にも、自分がどんな内面をもって、どんな反応をするかを知ることがまず第一である。いざという時に人は、癖や習慣で反応する。自分の内面に何が起こるのか？　身体に何が起こるのか？　を理解し、向上していくことで、自分の能力を高める。

武術は動き一つで生死を分ける世界だ。瞬間瞬間、どんな動きが要求されるかわからない。普段の動きで

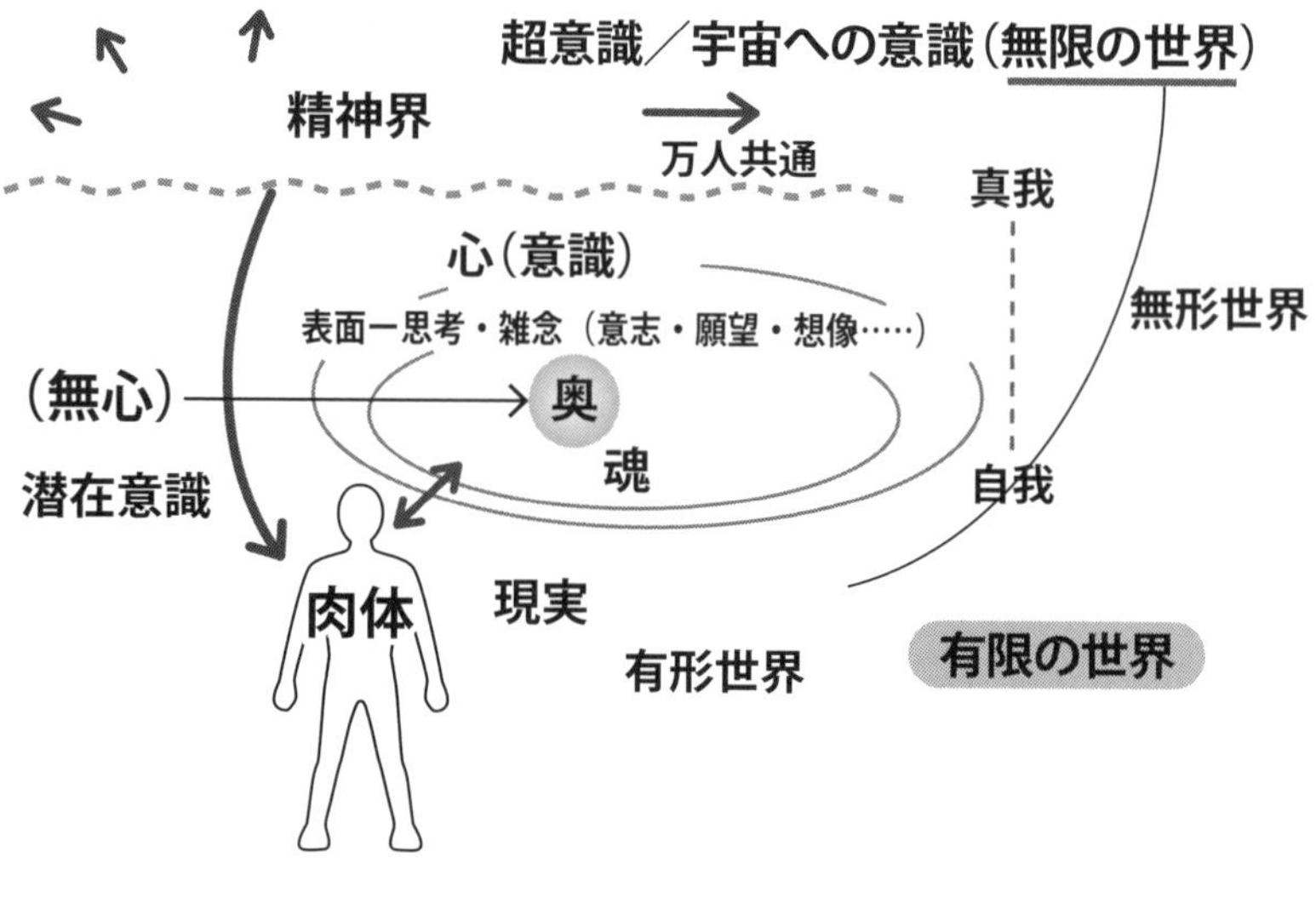


まず自分を知り、意識を広げ、超意識にまで広げていく。

は、到底間に合わない。ナイフをかわす練習をいくらしても、実際にかわせるとは限らない。現実は、様々な要素が結果を左右する。

自分の限界を知り、広げる。練習で重要なのは、ナイフをかわせること自体でなく、自分の心に生じることや、その鏡である動作を研究することである。それが、ナイフをかわす能力を上げることに繋がる。

まず自分を知る。人の存在（身体）には四つの面がある。身体、心、精神に、感情面を加えて四つとすると、人の成り立ちがわかりやすい。

さらに、人には意識がある。意識を通して全てがなされる。その裏には無意識（潜在意識）があり、そして自分という小さな存在を超えれば超意識がある。これがスタート地点だ。

## 身体意識

人は、日常生活で行う習慣化された動きのみで暮らしている。同じ姿勢と動作で仕事をしたり、家事をしたり、偏った動きしか知らない。武術的な能力を上げるには、身体意識を高め、動きの限界や可能性を知ることが第一だ。

身体は自分が常に宿る場所であるから、各部の働きを知るべきだ。人の体には200以上の骨があり、600以上の筋肉があり、300以上の関節があると言われる。医者でもそれら全てを把握しているか疑問になる、膨大な数だ。

そこまで知る必要はないが、それだけ人体が細かく動くようにできていることへの気づきは、必要である。意識がなければ、癖で勝手に動いたり動かなかったりするだけで、進歩は望めない。

身体の可動範囲や自由性を知っておこう。柔軟性もそうであるが、どこまで、各関節や身体のパーツが自由に動かせるかを知る。人の動きは日常生活で行う動き以外は、退化していく。それでは緊急時に動けない。普段からやらない動きをやって、身体を活性化しておく。

関節が動かなければ、人は動くことはできない。各関節の可動域を知り、自分の動作範囲を知る。関節は動かさないと固まり、可動域が狭まる。自由に動くためには、各関節を日々エクササイズすることが重要である。

さらに、関節の動きを把握せずには、相手を制することや相手から逃れることも難しい。

## 関節の動きと制限例

▼膝が伸びた状態で踵を固定し、前から膝を押されると、後ろに倒れるか、膝が壊れるかのどちらかだ。
▼肘を押さえられたら、肩や手首の関節から動作を起こし、肘に伝えて脱出する。
▼手首を極められたら、肘や肩の自由な関節から動かし、その動きを手首に伝達する。
▼頭を押さえられたら、首を回して抜け出たり、その動きを利用して頭突きで相手を飛ばす。

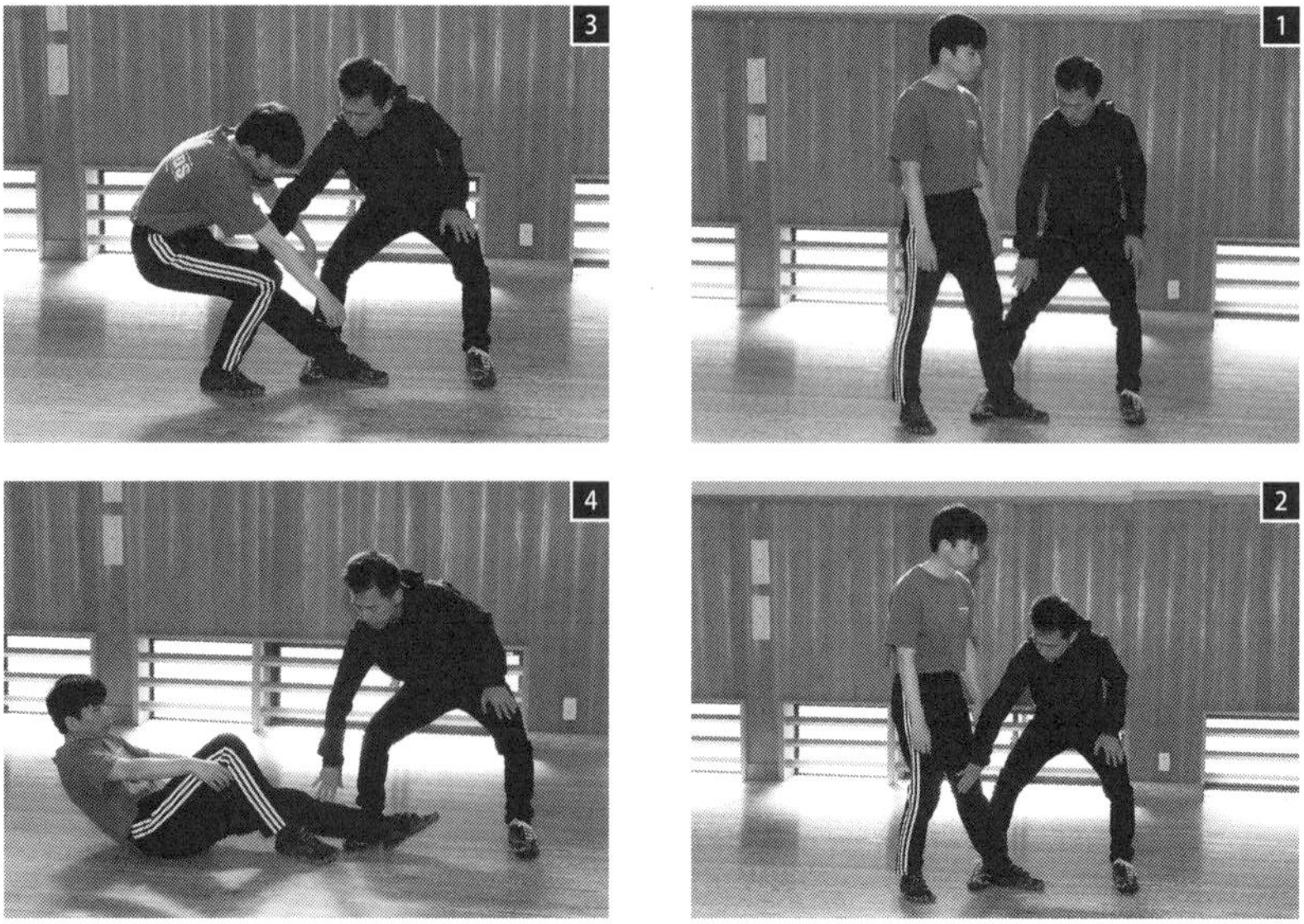

踵を固定して膝を押す。

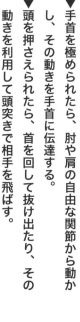

肘を極めにきた際の脱出例。

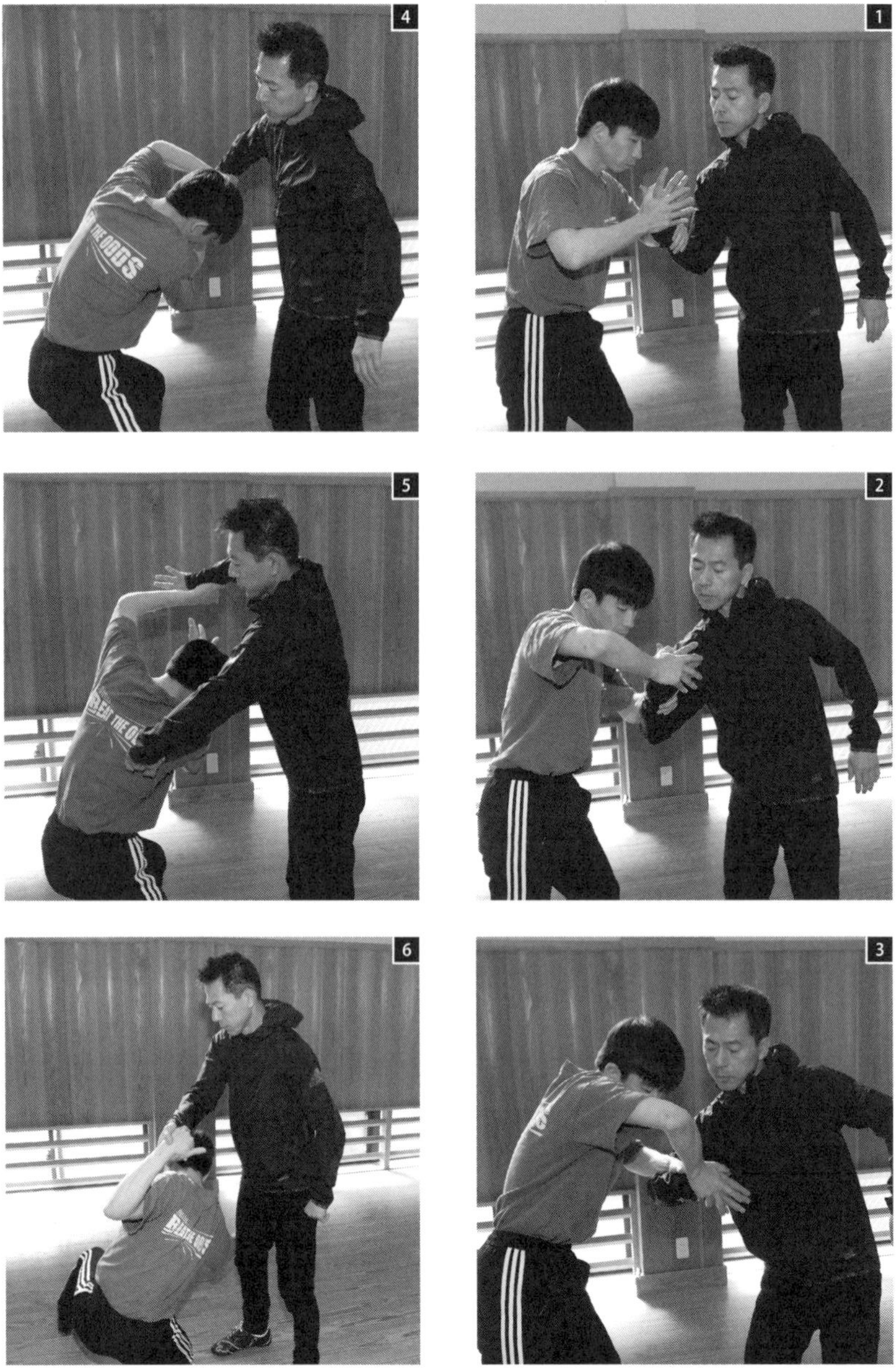

手首を極めにきた際の脱出例。

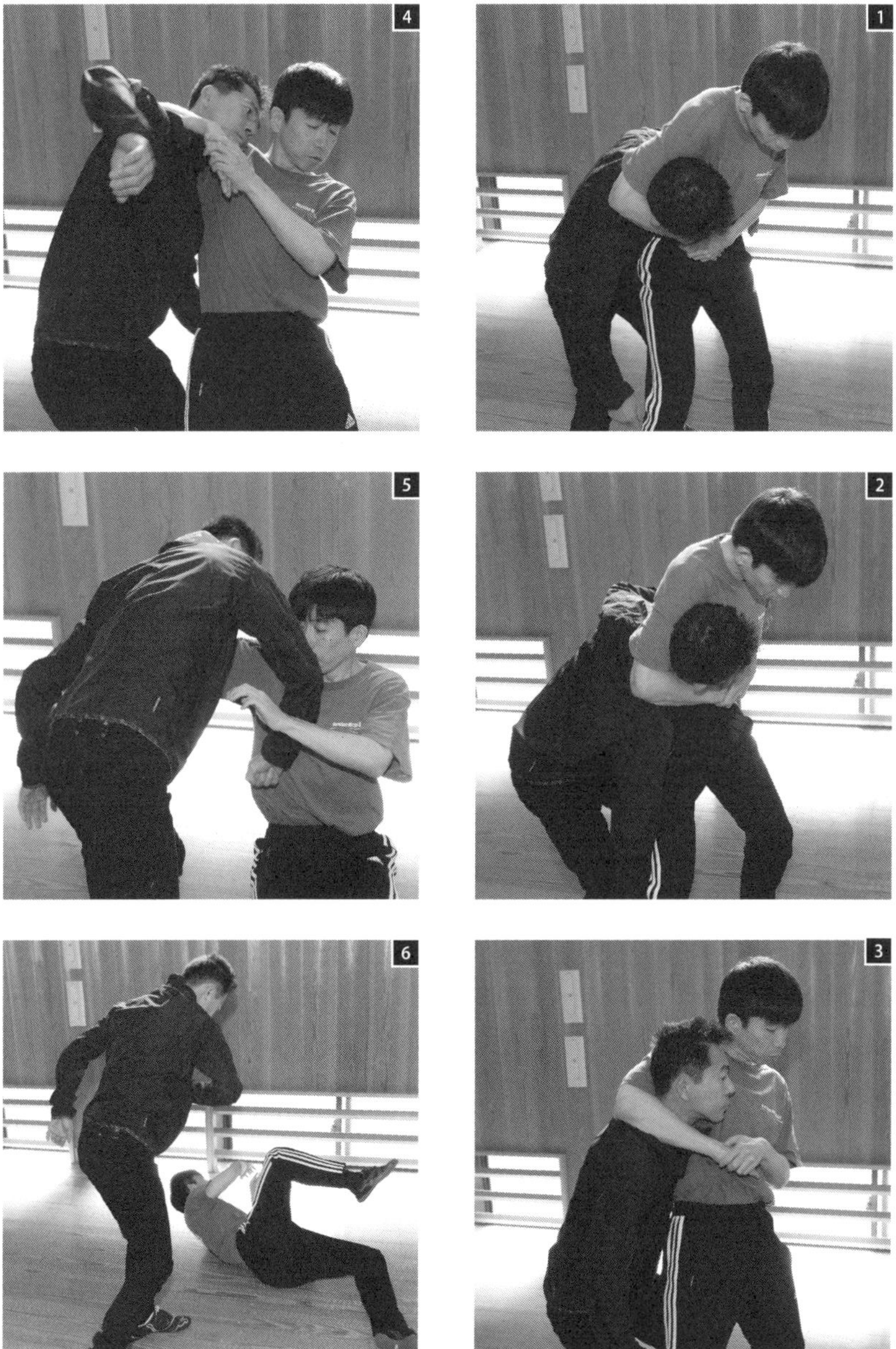


ヘッドロックからの脱出例。

さらに身体のサイズ、体型、柔軟度などによって、自分の得意、不得意な動きを自覚する。スピード、打撃力、タイミング、器用さ、敏感さなどのいわゆる運動神経も、持って生まれたものと訓練されたものがある。自分の強さと弱さを知る。

脳や内臓や神経系統の、機能を知ることも重要である。手足は勝手に動かない。脳からの指令があって動くから、その仕組みを知る。さらに、第二の脳とも言われる丹田の意識を高めることで、より的確な動きが生まれる。

## 己の心を知る

「人の魂は、思考の色で染まる」
（マルクス・アウレリウス）

脳の指令で全身各部の運動機能が行われるのなら、その脳に指令を出すのはあなた自身の心である。心は、人の考え、思い、意志、信条が宿る場所である。それによって、全ての行動や動作の質が決まる。自分の持つ感情によって、姿勢すら変わる。どんな心の状態を持つかによって、脳へ送られる指令は変わるのだ。

また、内面にあるものは、全て波動として外に流れ出る。気やオーラなど言葉は違っても、科学的にはエネルギー振動だ。否が応でも振動は常にあり、隠すことはできない。

その振動に見合ったものが周りに寄ってくる。低い振動を持てば、低俗な人や物事が集まり、付け入られ

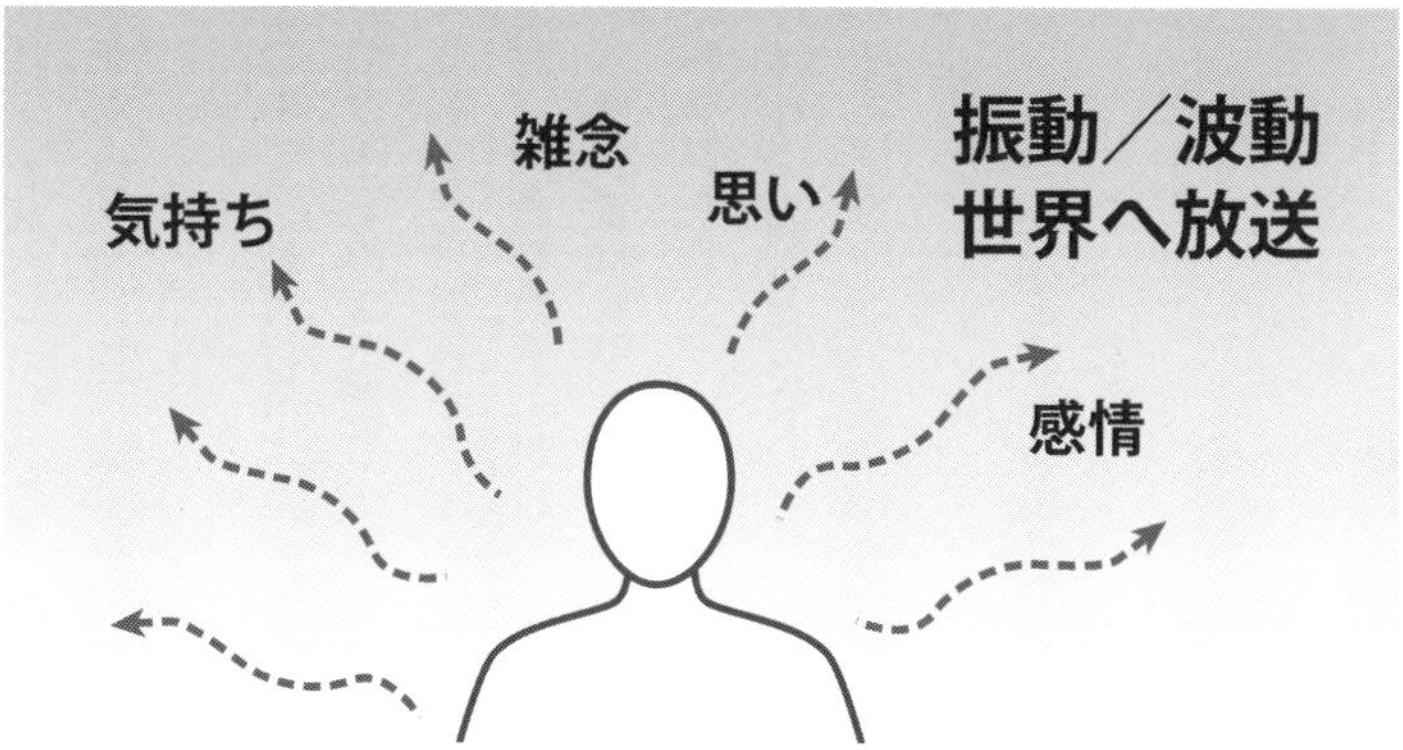


心の状態は、波動として外に流れ出ている。何を思うかによって、状況も変わる。

る。人に襲われるということは、どこかでそんな種を蒔いたのである。「人生の法則＝武術の法則」だ。だから、何を思い、考えるかが、第一の自己防衛となる（「感情に囚われるな！」の項、参照）。

人は目で物を見るようだが、実際は心で見る。その心には、過去の経験などを基にしたレンズがあり、固定観念を築いている。全てはその曇ったレンズを通して見て、判断され、思い込みが生じるのだ。純粋に物事を見たり、感じたりすることがないのである。

同様に、相手の攻撃や危険な対象を、固定観念や思い込みで判断してしまっては、適切な対処に至らない。

人は一日に5、6万という、膨大な量の考えが頭を駆け巡って生活していると言われている。しかも、ほとんどの考えは否定的な雑念である。できないと思えばできない。他人にできると言われても、自分ができると信じなければできない。怖いと思えば怖さに包まれ、半信半疑で行動すれば中途半端で終わる。

全てが思い通りにいけば、雑念はないだろう。うまくいかないから、人は考え、様々な思いを巡らす。しかし、ほとんどの思いはノイズにすぎず、真実ではないことを認識しなければならない。

**▼一日の中で、自分の思ったことを全て書いてみる。どれだけ否定的な言葉や表現があるだろうか？　その中でどれだけ真実があるか？**

**▼例えば、大きな相手に対して、向こうの方が強いと思う。勝手な憶測にすぎないが、信じれば真実になるのも事実だ。**

**▼目を瞑り、心を無にすると、その背景に意識がある。そこに真の強い自分が常に存在する。そこに結びつくのか、あるいは心の邪魔を許してその関係を絶ち、弱い自分を信じるかは、その人次第である。**

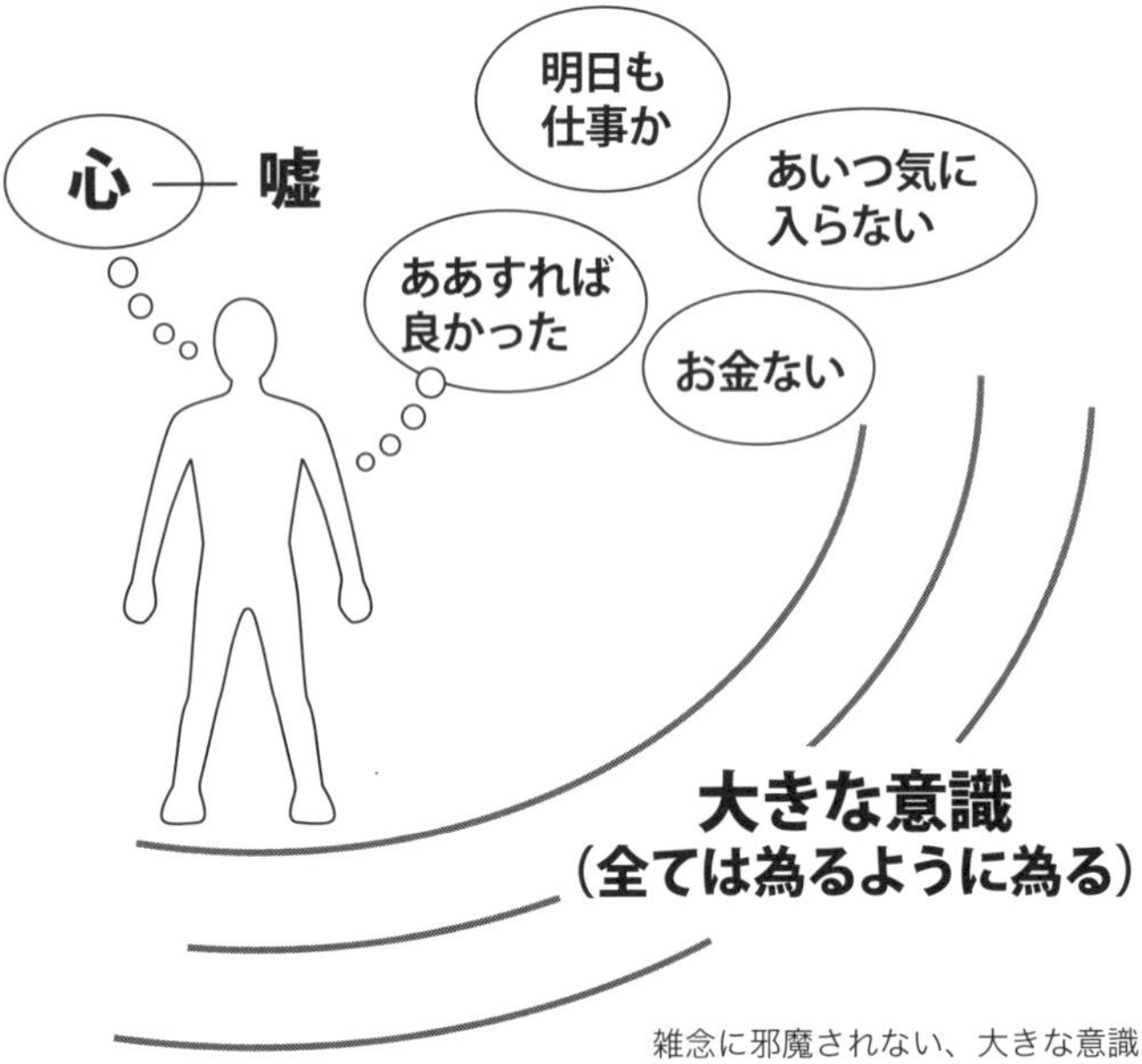


雑念に邪魔されない、大きな意識を持つ。

# 真の自分を知る

「できると思っても、できないと思っても、どちらにせよ、あなたは正しい」
（ヘンリー・フォード）

本当の自分とは何だろうか？

身体だろうか？　身体は勝手に動かない。肉体を動かす何かがあるから、それは自分ではない。では心か？　自分の心を観察する別の存在があるから、心も自分ではない。

人の真髄は、魂や精神などの言葉で表される、見えず、定義できない実体にある。その本質は常に安定していて、揺るがない。そこに本来の姿があり、真のパワーが存在する。

人は死ぬと、その魂が身体から去っていくと言われているように、身体は一時的な宿であり、真の自分は何にも縛られない無限の存在だ。人並み以上の偉業を達成する者には、強い精魂や気風が存在する。窮地を乗り越えるにも、見た目以上の自分の力が必要である。しかし、その力は真の我々の姿であるから、既に備わっているのだ。

自分を知ることは、自分の自我（エゴ）の存在と機能を知ることでもある。自我の働きは自分を守ることであり、縮こまることだ。新しいことや変化を嫌う。自分を守りたいから、怖さや疑いが生じる。そんな思いや、守る自分自体を和らげることで、縛られない自由な動きが出るのである。

足が不自由だから逃げられないと思うのは、小さな自分の制限であり、実際には逃げる方法はいくらでもあるだろう。それが見えるか見えないかの違いである。

手を縛られているから、なす術もないと思うのも、自分のエゴである。限界に目を向けるか、自由な部分を伸ばしていくことに焦点を当てるかで、損傷の大小に違いが出る。

仕事でも遊びでも家庭でも、人と接する自分は、表向きのマスクをつけた自分である。その仮面が外れるのは、逆境に立った時だ。システマ武術のトレーニングはそれを可能にし、自分を学ぶ場を与える。

苦境では感情の波が荒くなり、体が硬直する。しかし、それが本性だろうか？　その奥にあるのが真の自分である。それを見つけ、真のパワーを掴むところまでいかないと、スポーツや体操で終わる。

## 呼吸を制する者は、己を制す

「己を制する者が、最強の戦士である」（孔子）

人は危険を感じると、呼吸が浅くなり乱れる。その対象に意識が囚われ、神経が凍り、動作も滞る。深呼吸するだけで、囚われから自分を解放できるが、なかなか実行できない。普段から呼吸への意識がないからだ。激しい運動で息が切れて、初めて呼吸に気づく。グッと力を入れたり、踏ん張ると、多くの人は息を止めさえする。

一般的に、運動で呼吸が乱れるのは当たり前だと思われているが、反対である。呼吸を制御することで、身体の機能を回復させ、運動のパワーとエネルギーを生む。呼吸を整えることは、自由な自分を取り戻す即効作業であり、瞬間を決する武術には不可欠だ。

行き詰まり、マイナス感情が湧き上がる時に、意識的な呼吸をすることで、それらも即解消できる。新たな自分へと、瞬間ごとにリセットできる唯一の手段でもある。

### 呼吸を通して、本来の姿を回復

**▼不安、ストレス、恐怖感、マイナス思考の解除**

**▼執着心、囚われからの解放**

▼頭でなく、身体で感じる意識
▼現在の瞬間に、身と心を置く
▼相手の意識に繋がり、調子を合わせたり、外したりする。
▼身体の緊張の解放　～動作のコントロール
▼相手の引き寄せ、誘導（吸息）
▼相手の崩し、打ち、極め（吐息）
▼重みの伝達

強度の恐怖感やパニック状態は、自律神経を興奮させ、心拍を上げる。深い吸息は脳の活動を活発にし、本能、感情、認知機能などを司る大脳辺縁系に刺激を与え、それらの変動を統制する。情緒を安定させ、判断や選択に幅が出る。

呼気では副交感神経の作用が働き、身体をリラックスさせる。相手を打つのも極めるのも、呼気に合わせてリラックスすることで、緩んだ重みが伝達できる。

息が止まれば、緊張が伴い、力の伝達が弱くなり、自分に返ってくる。呼吸を通して体を緩め、圧力を逃がしたり相手に動きを合わせたりして、攻撃から逃れることもできる。

## 呼吸と動作の一致

▼基本は、鼻から吸って口から吐く。最初は音を出して意識的に行うと良い。スクワットなどの単純動作を、呼吸と合わせて行う。下がって吐いて、上がって吸う。またはその逆。一つの動作の終始と呼吸の終始を一致させる。吸息、吐息、共にフルに、均等に行う。間で切ったり、止めたりしない。
▼同じように、歩く、寝転ぶ、立ち上がるなどの日常動作に、呼吸を合わせる。さらに、回転や転倒動作を行いながら、呼吸を合わせる。こうして、全ての動作に呼吸を合わせ、止まったり、途切れないようにする。
▼一つの動作で吸って吐くなど、呼吸を倍にしたり、吸いながら上下の動作を行うなど、一つの呼吸で2動作、3動作と増やしていく。

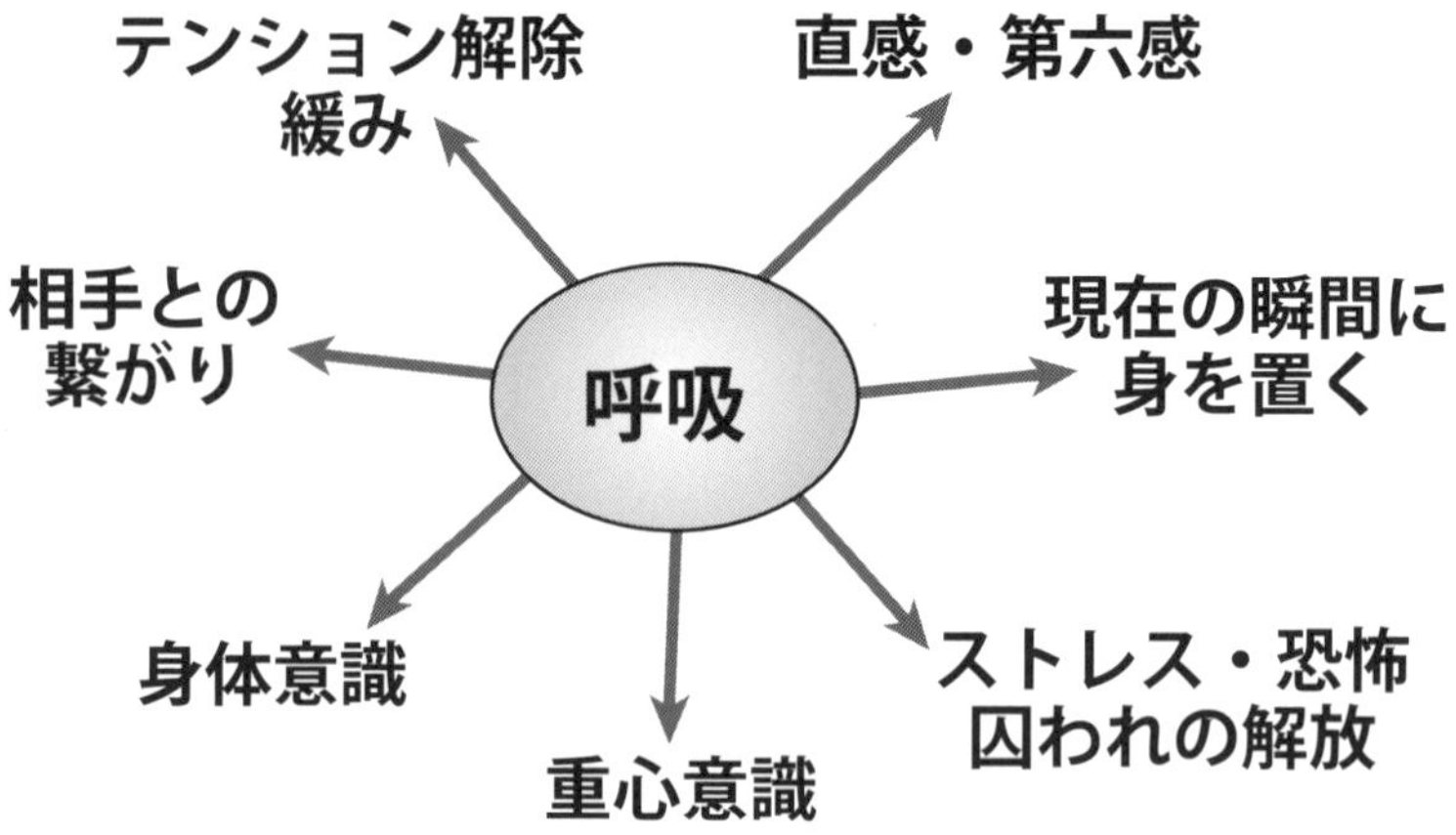


呼吸は、この世界やあらゆる事象との接点である。

**▼一人で様々な動作を呼吸と合わせてできたら、相手を使って動いてみる。押されたり、武器をかわしたり、息を吸って攻撃を受け、吐きながら相手に返すなど、意識的に呼吸と動作を合わせる。**

**▼呼吸を逆にしたり、また、息を止めて1動作、2動作をやったり、違うパターンを試してみる。**

このように、呼吸と動作を合わせることを、システマでは重要視する。運動で息が荒くなれば、吐息を長くし、身体を落ち着かせる。苦しい状態では、小刻みに呼吸するバースト・ブリージングが、身体を回復するのに即効性がある。常に、動作と共に呼吸が無意識に行われるようにしたい。

我々が存在する世界や、その中で起きる事象の全てとの接点が呼吸にある。相手との意識的な繋がりをつくる、唯一の具体的な接点でもある。

肉体的な接触だけでは、結局力比べとなり、低い意識での競り合いとなる。呼吸の振動を通して相手に接することで、相手の意図や、心理、感情など、内的な要素を捉えられる。間合いやタイミングも、呼吸が合って働くものである。

また呼吸は、人を現在の瞬間に結びつける唯一の具体的な方法でもある。過去未来の出来事に囚われやすい我々は、なかなか自分を現在に置くことができない。ナイフで突かれる瞬間に、前後のことが頭にあっては対処できるわけがない。呼吸を意識することで、自分を現在に戻せる（「一瞬の芸術」の項、参照）。

呼吸の重要性は、様々な面で計り知れない。呼吸法を命がけで修業して大成した、武人や賢人も少なからずいる。ヨーガや密教でいう解脱も、呼吸を制して初めて到達される境地であると言われている。

システマの呼吸は、至ってシンプルで自然なところから始まる。呼吸を通して、本来の自分、魂を感じ、知るのだ。知能で動くのではなく、体能で動く。個々の動作に息吹をかけ、パワーを生み出すものだ。

# 4大原理
## ─可能性への鍵─

「一理に達すれば、万法に通ず」（宮本武蔵）

背後から数人に襲いかかられた時、あなたを救うのは何か？　道場で習った技だろうか？　それとも、自然に出る咄嗟の身のこなしだろうか？

想定不可能な危険な状況下で、テクニックが練習通りに生かされることはまずない。現実は、莫大な量の要素が瞬間瞬間を左右する。自分を救うのは、技法や戦法よりも、その瞬間の心身の様態にあり、そこから導き出される動きにある。

人の身体能力を最大に発揮できる要素は何かということを探れば、必ず、呼吸、動力、緊張／緩み、身体構造というシステマが掲げる４つの原理に到達する。

他の武術であっても、武術でなくても、これらの原理は本質的に不可欠だ。システマの原理というよりも、普遍的に存在する原理をシステマが利用しているだけである。不思議なことに、他の武術では見られない強調点である。

緊張すれば呼吸が止まり、呼吸が止まれば動作も止まり、動作が止まれば姿勢が崩れる、という具合に、これらの原理は個々に独立するものではなく、お互いに関連し合っている。

少しでも何かが起これば、一つの要素がぐらつき、他の要素もそれにつれて崩れ、次の瞬間には総崩れとなる。こうして、常に弱い状態を自ら作り出して生活しているのが、普通の人々だ。全てが揃って働かないと、どんな技を使っても効力に欠ける。運動能力を発揮する必須条件が４大原理だ。

システマの基礎トレーニングは通常、４大原理に焦点を当てた腕立て伏せ、腹筋運動、スクワットなどの簡単な動きのエクササイズから入る。注意したいのは、

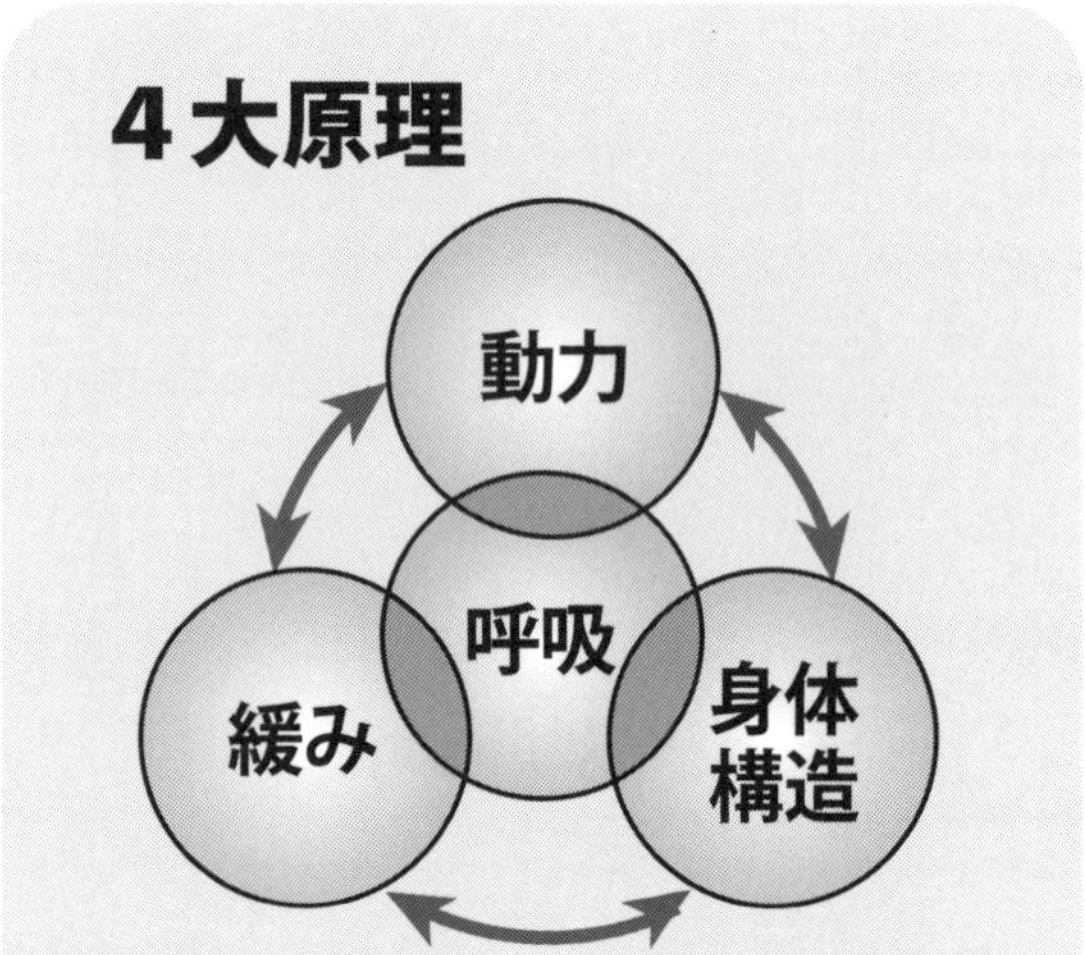


システマの４大原理は、普遍的に存在する原理である。

どんなエクササイズでもシステマ式にやれば、根本的に違う深いものになる。単に、ウォームアップや筋力をつけるものではない。

## 腕立て伏せの例

▼従来の腕立て伏せとは異なる。腕で身体を上げるのではなく、地面を身体から押し離す感覚。身体構造で地面を動かす。

▼通常のように、回数をこなせばいいというものではない。ゆっくり行ったり、体を緩めることで、普段行き届かない細かい筋肉や腱を鍛える。

▼身体全体に意識を持ち、緊張に囚われないように、できるだけリラックスしながらできるようにする。肩、腰、膝などを緩め、動かしながら行うといい。

▼呼吸を利用し、緊張箇所を移動させながら、最小限の力で動作を行う。

▼深層筋に意識を持っていき、姿勢をまっすぐに保つ。

▼呼吸に合わせて行う。動作の終始と呼吸の節目が一致するように。

▼掌でもいいが、拳を握ってやるとパンチの際の手首と腕の構造が決まる。

▼上下それぞれ30秒以上かけて、ゆっくりできるようにする。その際、動きは終始均等にする。上がり始めが一番辛い箇所だが、同じ速度で動く。

▼辛くなってきたら呼吸を小刻みに速くし、呼吸で乗り越える。楽になったら、通常の呼吸に戻す。

▼ゆっくりとは逆に、即一瞬で下に体を落とし、即一瞬で上がれるよう、素早くできるようにもする。

▼さらに、身体を移動させながら行ったり、片腕で行ったり、手首や指を着けて行ったり、手や拳の角度を変えたり、呼吸のリズムを変えたり、応用は限りない。

腕立て伏せだけでも適切に体験してみれば、システマが通常の運動や武道と違う身体への意識と使い方をすることが見えるだろう。腹筋運動も、腹筋のトレー

手首を返して行う腕立て伏せ。

片拳で行う腕立て伏せ。

ニングではなく上体を起こすという機能的動作の探求となる。スクワットも同様に、足腰を鍛えるのではなく、しゃがむ、立ち上がる動作の探求だ。
　これらの単純動作の中で4原理がうまくこなせることで、初めて戦いの場で応用できるのだ。

# 第2章

# 自由体

# 自然体

## ―パワーの原点―

「自然な動きとは、持って生まれた動きである。危機に接した時に出てくるのは、そんな動きだ。道場で覚えた動きは関係なくなる。早い動きでは、身体が反応するのみ。全ての技は、自然で本能的な反応を元に出てくるものである」（ヴラディミア・ヴァシリエフ）

自然な動きとは何だろうか？

川は流れ、波は押しては引き、風は吹き、林檎は落ち、種は芽を出し伸びていく。川を逆流したり、波に逆らえば四苦八苦する。転がり落ちる岩の下にいればぶつかり、燃える火を抑えようとすれば火傷する。

自然は全て、宇宙や生命のシステムとその法則に基づくものだ。逆らえば、それなりの代償を払うことになる。

人為的なことでも同様に、逆らわないのが自然である。突進してくる相手を止めたり、突いてくるナイフをもろに押さえると、問題が生じる。川や風がぶつからずに通り過ぎたり、浸透したりするように、自然性を持った動きに真の強さがある。

何かをしようとか、勝とうという思いは自然界にはないから、それも消す。逆らわずに、覆い包む。突き飛ばすのではなく、抱擁するのだ（「途切れない動作」の項、参照）。

自然体であるということは、体を自然に委ねることであり、自然界の法則を体で理解し、それを表現する状態である。自然界は、止まらず動き続け、波状で、尖りがない。だから、止まったり、尖った動きは自然でないから、目立って相手に知覚される。

攻撃的な態度や動きも不自然で、相手に読まれ、抵抗される。だから、闘うなというのが教えとなる。

自然界には、人の心が創りだす緊張も存在しない。草木は、枯れても人に踏まれても、不服を言わない。

地球が毎日毎日同じように自転しても、嫌だとか飽きたという反発もない。獲物を取り逃がして悔しがる動物もいない。全て、ありのままに存在するのみだ。昨日の恨みを抱いて行動する生物は、不自然な人間だけである。

そんな自然な在り方や動きは通用しないと思い、ぶつかりにいくのが自尊心であり、通常、道場で習う技(テクニック)である。自然を求めるのは、そこに底知れないパワーがあるからだ。作られた動きの威力は限られている。

テクニックの成否や勝ち負けなど、外面の結果で自分の力や価値を定めると、その条件に囚われることになり、自然から遠ざかる。周りの事象にいつも左右される弱い自分は、幻影である。条件を捨てて自然に帰ることで、生来あるパワーを蘇らせることがシステマの作業である。

**▼二人一組で、お互いに押し合ってみる。**

**▼ほとんど間違いなく、テンションを張ったぶつかり合いになるだろう。**

**▼押して相手が動かなければ、そのぶつかりをもっと押したくなる。それが無理矢理であり、自然ではない。**

**▼押されて抵抗すれば、起こってしまった事象に対しての不平であり、自然ではない。**

**▼押す時に、余計な緊張や気持ちがあれば、自然ではない。押す行為を、単純な物理的動作と捉える。押して相手を突き放すとか、倒すとか押しのけるなどの思いが、顕在的にも潜在的にもあれば、それは自然な行為ではない。**

**▼押される方も、自然に受けて自然に身体を動かす。押されて、もたついたり足を踏ん張って留まるのも抵抗で、不自然だ。押される箇所を自然に緩ませ、圧力を逃す。**

**▼押されて嫌な感じがあるのは、自分の中に抵抗があるか、相手の行為が不自然であるか、またはその両方である。それを認識し、調整する。**

**▼押す、押されるが自然に違和感なくできないと、激**

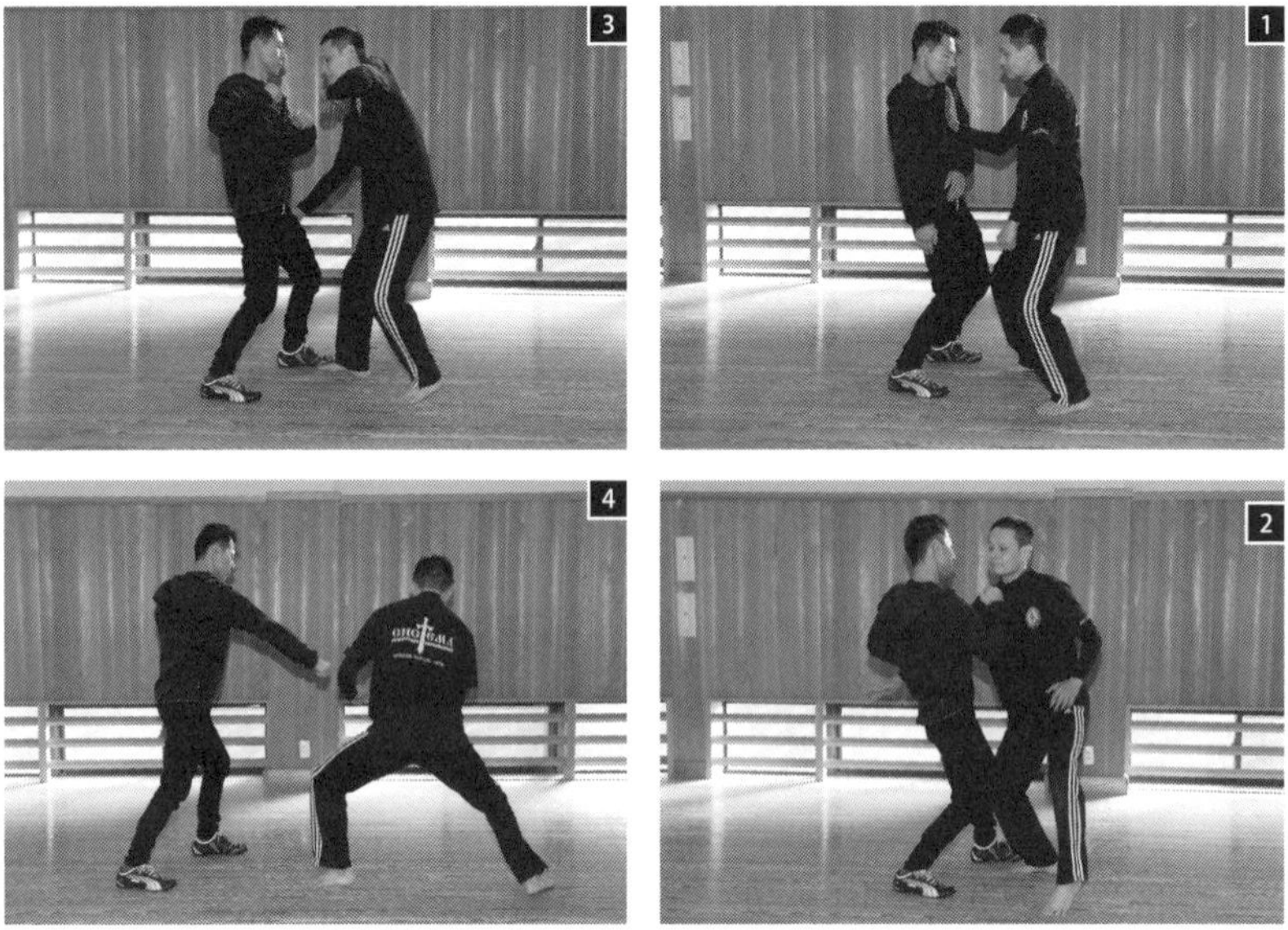


押された身体箇所を自然に緩ませ、そのエネルギーを相手に返す。

**しい武術的な動きも自然にできない。**

我々の頭（思考、雑念）や精神状態（感情）が、自然な動作の邪魔をする。だから、内面を自由にするには、安全な状態、つまり戦いではなく余計な緊張を落としたレベルからの出発が不可欠となる。

安全でなければ自由はない。自由でなければ自然ではない。危険（戦い）を前提にスタートするのが通常の武術だが、システマは安全（脱出）を前提とする。

上級、初級にかかわらず、毎回のトレーニングの出発点となるのが、次のゼロの様態だ。

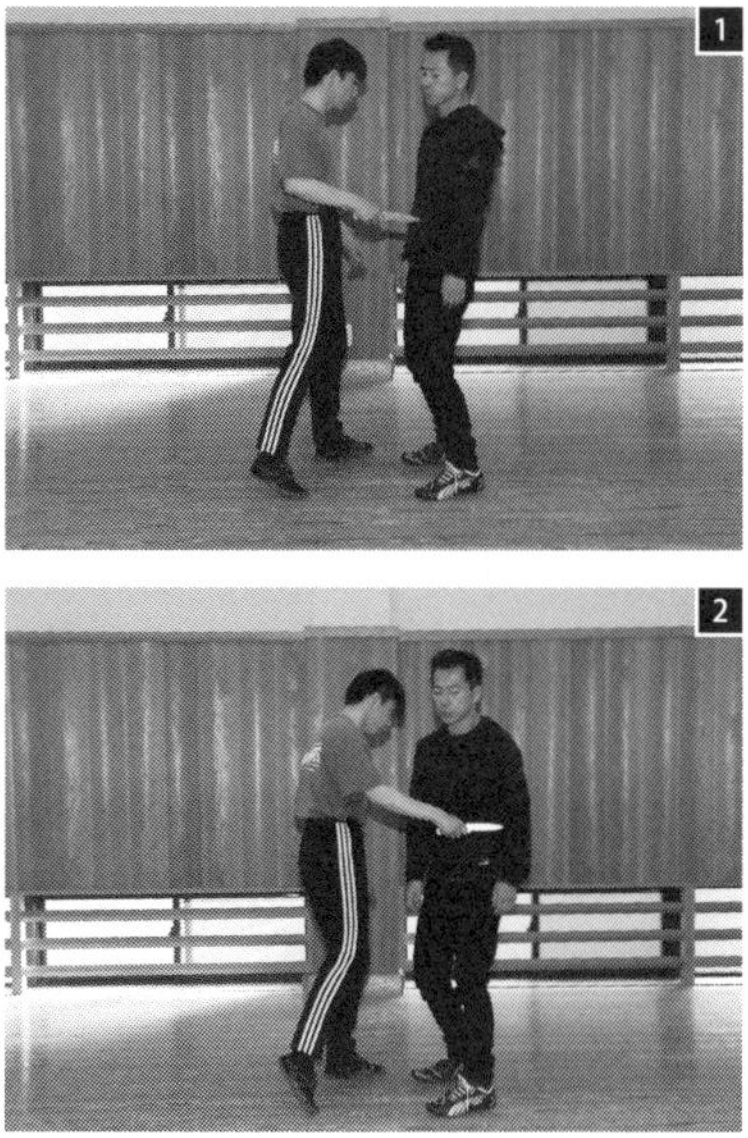

危機的状況だからこそ、自然な心身を保っていなければならない。

# ゼロの様態

## — 全ての出発点 —

「道は常に無為にして、而《しか》も為さざるは無し」（老子）

守らなければ殺され、戦わなければ負ける。その反面、守ろう、勝とうとするから殺られる、という解釈もある。犬でもいじめっ子でもヤクザでも、何もしない人間には手を出さない。何かするから付け入れられる……。

何かするということは、意図があり、作為があることだ。それを相手は利用するし、そこから自然な動きは生まれない。自然な状態を学ぶには、まず何もしない、あるがままのゼロの様態を体感することである。

ここでは、文字通り何もしない。自分の心と身体に起こる緊張を、観察するだけだ。戦う心を消し、内面

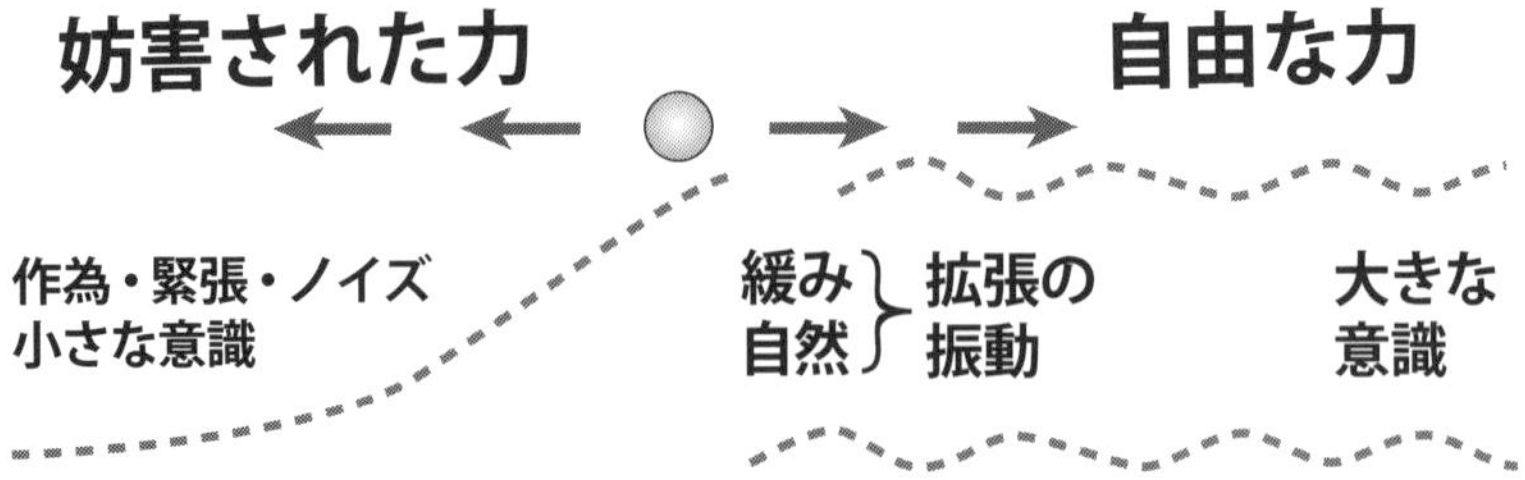

まずは、心と身体のノイズを取り去ることからスタートする。

の葛藤を落とし、リラックスできることを認識する。抵抗したい気持ちが湧いても、そのままにする。状況をコントロールするよりも、自分の反応を制御する方が、遥かにパワーがあるのだ。

ステレオなどの音響装置を設置する際、音響機器から出るノイズがある。これを下げないといい音質が取れない。武術も同じように、心の中にあるノイズ、身体に出るノイズをまず取り去る。それには、まず何もしない自分を養う。何もしてないのに、緊張や兆しがあれば、それは既にノイズである。

ノイズを下げないで危険に面したら、それは急激に大きくなり、テンション（緊張）として身体能力を邪魔する。緊張は神経系統の反応であり、過去の経験から潜在意識に組み込まれている。まずは武術ではなく、何もせずにノイズを下げたところで、反応をプログラムし直さないと学ぶことが学べない。

**▼心を無にして自然に立つ。身体の個々の部分に注意を払い、緊張を緩め、ノイズを落とす。**

**▼背筋はまっすぐにし、自然に呼吸する。腕はぶら下がっているだけ。**

**▼その状態で歩く。両腰が固まらないように、左右を緩ませる。膝下が緊張しないように、膝を緩める。腰や肩、胸、首すじ、膝などに注意を払う。どんな歩き方が自然で緩んでいるかを研究する。**

**▼しゃがむ、寝転ぶ、立つ、走るなどの日常動作を、ノイズを下げて、余計な緊張をどこまで落として楽にできるか研究する。**

**▼上記が充分にこなせないと、いくら戦闘状態でのトレーニングをやってもノイズがそのまま残るから、これらに時間をかけるべきだ。**

武術経験者の多くは、すでに技や知識が身についていて、それらがシステマを学ぶ妨げとなる。何かしようとしてしまう。

戦いに関する動きや知識を捨て、自分をゼロの状態にしないと、システマは理解できない。かえって未経験者の方が、何もせずに素直に自然に動ける。

## ナイフの実験

▼Aはナイフを手にし、Bに対峙する。
▼Bはその時の自分の反応を観察。心に何を思うか？どこに緊張が走るか？
▼AはBと向かい合ったまま、ゆっくり移動しながらナイフを向けたりして、襲いかかるふりをする（真剣にやらないと効果がない）。
▼Bは反応を観察し続け、動揺や緊張を解放して中立的な「ゼロ」の状態にする（以上は、本物のナイフを用いるとより効果があるが、必ず先生の立会いのもとで行い、注意を怠らないこと）。
▼AはBに接近し、ナイフを腹部に突きつける。
▼Bは同様に反応を観察し、肩や腰などの緊張を解放する。押しのけたり、対処しようとしない。ナイフがそこにあることを受け入れ、「ゼロ」の様態を保つ。

練習でゼロの様態を感じ、実際にテンションを下げることを学ぶ。

# 自由体のパワー

## ―自由なら何でもできる！―

「壁は、みな扉である」

（ラルフ・ウォルドー・エマーソン）

システマには限りのない訓練法があるが、全て行きつくところは「動作の自由性を開拓するもの」だと言っても過言ではない。定義上、自由に動ければ何でもできる。相手を制することも危険から逃れることも、自由であればあるほど、可能性が高くなる。

しかし、囚われたり制限された心身では、相手とぶつかることしかできず、体もそのようにしか動かない。だから、自由性に主眼を置かずにいくら技を学んでも、それらを発揮する能力自体に支障がある。

システマ戦士が求めるものは、動きの自由、選択の自由、表現の自由である。技や戦法を求めるのではなく、自由を求める。

動きの自由はどんな攻撃も避け、どんな防御も崩すことを可能にする。選択の自由は、瞬間ごとに変わる状況や体勢に応変することを可能にする。何を表現したいのかは、あなた次第である。決まった動きや技、選択の欠如、表現の一方性は、全て可能性を閉ざしたものだ。

競技や練習では、相手が何をしてくるかわかれば、それに合わせて動作を組み立てられるが、路上ではそうはいかない。動きやタイミングなど全てが異なり、技も練習通りにはいかない。固定観念では対処できない。

自分自身を制限するものを理解し、自由度を追求する方が、その時々の対処法を考えるより重要になる。であるから、相手と戦うのではなく、自分自身との戦いとなる。

▼相手に、腕や体を掴みにきてもらう。歩調を合わ

**せ、動きを見切ってかわす。焦らず、遅れず、気持ちよく自由な空間へ動く。**

**▼掴まれ、押されたり引かれたら、抵抗せず相手についていき、自由性を保つ。振り切るのでも振り回されるのでもなく、相手の思うところへ自ら移動する。**

**▼相手に逆らえば、拮抗し自由がなくなるので、力を逸らしたり同調したりして、足腰を使って自由についていけるようにする。**

**▼パンチやキック、どんな攻撃でも同じように自由を保てるように動く。当たっても自由性を失わない（柔体）。**

**▼何をされてもテンションを張らず、自由度を保てるフットワーク、体の緩み、心の持ちようを研究する（抵抗しない）。**

本当の自由とは、自分自身の制限から自己を解放することである。相手という対象から自分を解くこととは、根本的に異なる。

武術的には、相手に掴まれたり、押さえられたり、打たれるなどの外的行為が自由性を失くす。それらの行為をどのように対処するか、というのが従来の武術だ。だから技を考え、構成していく。

しかし、これらは全て外部的要素であり、きっかけにすぎず、実際に自由を奪うものではない。それは自己の内面にある。

誰もあなたの心を縛ることはできない。自分が囚われるから、強引に脱け出そうとする。相手から自分を解き放とうとするから対立が生じ、腕ずくの勝負になる。

事態、形勢、相手のなすことにかかわらず、自己の内面を自由にして初めて、相手から逃れる術が得られる。自分を自由にすることの結果が、相手からの解放に繋がるにすぎない。

## 自由の条件＝囚われをなくす

**▼何事も受け入れる。**

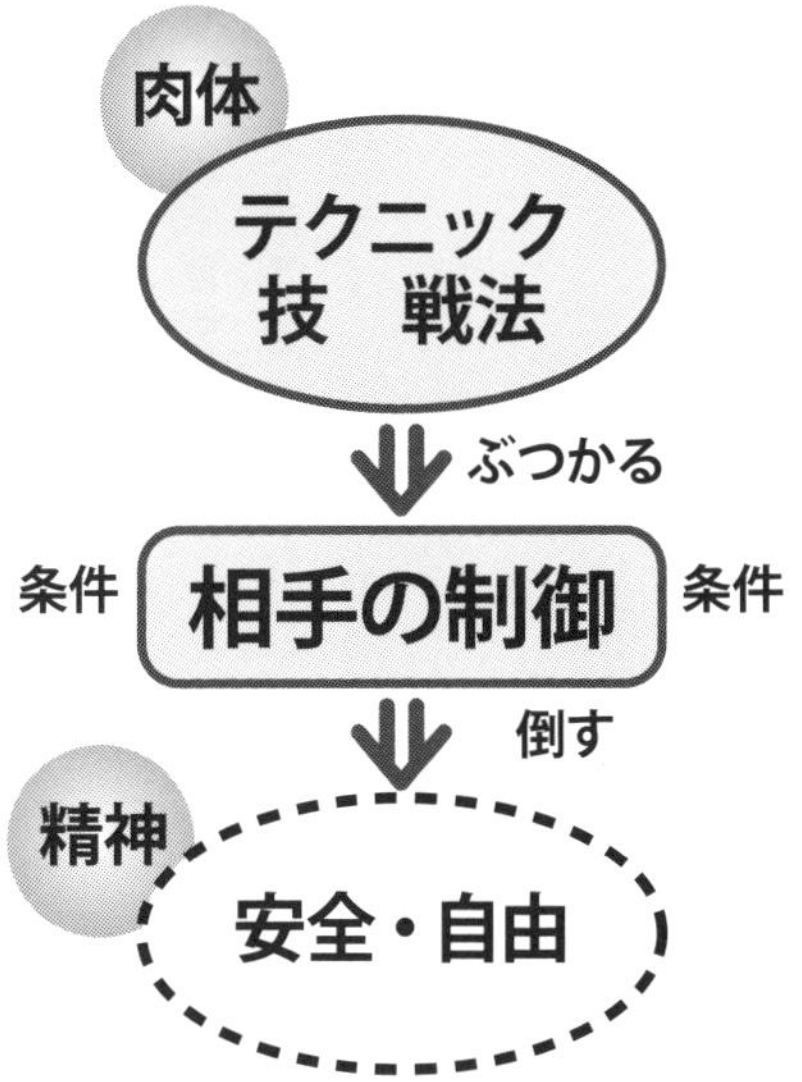


**テクニックを習い、身につける→相手を倒す→安全（自由）になる。**
この過程では、肉体面の処理をして内面の安全や自由を求めることであるが、処理をしないと自由にならないという条件を作り、安全が後回しになる。あの技この技と常に処理と相手を倒すことに追われ、安全がいつも遠のく。

**安全（自由）→相手の制御→技の出現。**
肉体面や外的な事象や結果に頼ることなく、内面の自由性と安全を先に求める。安全な状態、自然な姿を拡張することで、相手の処理に繋げる。それが、技やテクニックになるのだ。

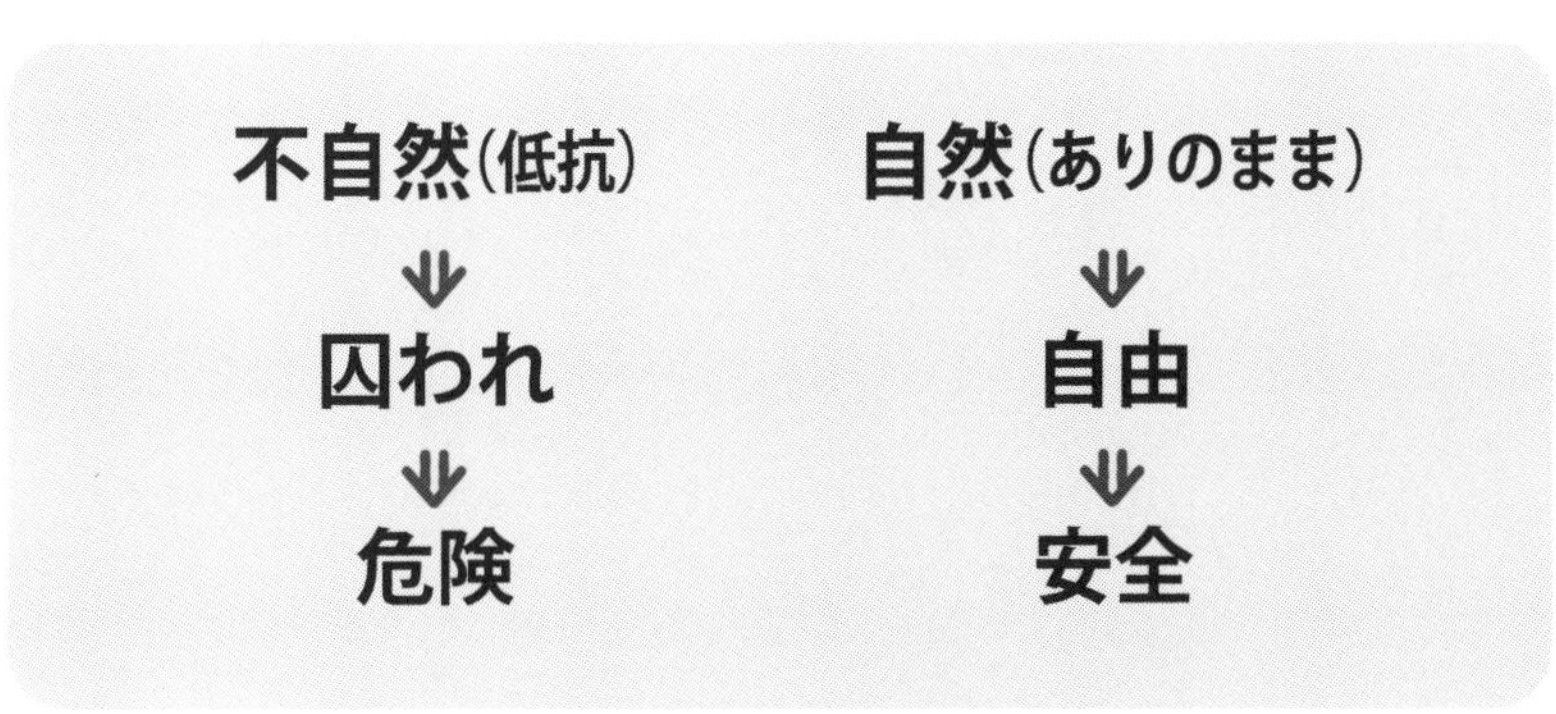


目的は自由と安全である。戦いは手段の一つにすぎない。

▼ぶつかりをなくす（自由空間へ移動する）。
▼思考や感情を捨てる。
▼行方を判断しない。
▼欲望を捨てる（固執しない）。
▼先入観をなくす（動作を決めたり、知ろうとしない）。

人は安全と保障を求めて生きる。仕事、家庭、学問、人間関係、何をとっても安全に暮らすためである。安全であるから、楽しんだり幸せになれる。

武術的には、敵を倒すことで安全を求める。危機を逃れて自由を求める。しかし、その手段を目的と勘違いしやすい。敵を倒すこと、危機を逃れることを目的にすると、敵や危機を求めることになり、そのような行動と動作を生む。目的は、安全と自由である。戦いは手段にすぎず、目的ではない。だから、戦いに囚われないように戦うことを学ぶ。

# 構えない
## ― 自然体の武術 ―

「構えるということは、敵の先手を待つ心にほかならない。『構える』などという後手は邪道なのである」
（宮本武蔵）

いつでもどこでも、何に対しても対応できる体、感覚、動きを養っていくのがシステマの修行だ。だから構えがないと言えるし、自然体だとも言える。姿勢は正しても、構えない。

構えれば向こうも構えてくるから、争いになる。戦うことなく相手を楽に誘導できれば、それに越したことはない。格闘が目的ではないから、そんな姿勢自体が不要だ。

日常生活で、構えている人間はいない。例えば、小便している時に襲われたらどうするか？　構えがあるのは、試合や決闘の時だけである。構えがなくても、適確な身体構造を保つことで力を出す。構えるから逆に、中心がずれてへっぴり腰になったりもする。

構えは、怖さを隠す道具でもある。構えれば一応安心だ。構えがなければ、野ざらし状態である。その底辺には恐怖感があり、それは構えに現れる。怖くないのに構える必要があるだろうか？

## 構えの弱点

**▼構えること自体で、体の緊張が生じ、中心が浮いたり歪む。**

**▼怖いから構える。怖くなければ構える必要はない。**

**▼同じ武術をする者同士なら通用するが、違えば弱点になる（例えば、手を前に出した伝統打撃系の構えの場合、対刃物では腕や手が標的になる）。**

**▼構えが取れない時に困惑し、対処法がわからなくなる。**

**▼情報が漏れる（どんな戦い方をするのか、何が得意**

構えた手は刃物の標的になる。

かなどを相手に知られる）。

構えは戦闘態勢に入ることであり、防御態勢を作ることでもある。戦闘態勢は、相手に自分の意志や力量まで様々な情報を与え、防御態勢は不安と緊張を促す。どちらも弱点である。

争いに巻き込まれても、手をダランと下ろして戦えということではない。相手が接近すれば、手が上がるのは当たり前である。しかし、余計な態度や体勢で、相手を興奮させないようにしたい。

攻撃は前からとは限らない。階段や、人混み、あるいは狭いトイレでの戦いかもしれない。構える余裕もスペースもないかもしれない。相手はこっちが構えるまで待ってくれるだろうか？　であれば、構える意味がなくなり、かえって邪魔になる。どんな状況や体勢でもリラックスし、自然な状態から自由に動くことを練習する方が賢い。

# サバイバル
## ― 守らずに伸びろ ―

「生き延びるには、騙し、そそのかし、丸め込む。チャンスがないのに止まって戦っても無駄だ。角を曲がり、穴を掘り、トンネルを抜ける。そうして動き続ける術を見つけなければならない」　（トワイラ・サープ）

システマの根底はサバイバルにある。危険や窮地を脱し、自由を得て生き延びることだ。それには自己を、身体的にも精神的にも外側に開き、延ばさなければならない。空間は無限にあり、出口は必ずある。押さえられて抜け口が塞がれても、隙間は必ずあり、動くことで道は切り開ける。

しかし、危険を感じると防御態勢に入るのが人の本能である。古代から、未知の環境、猛獣、天候、支配者などに脅かされ、戦いながら人間は生き残ってきた。

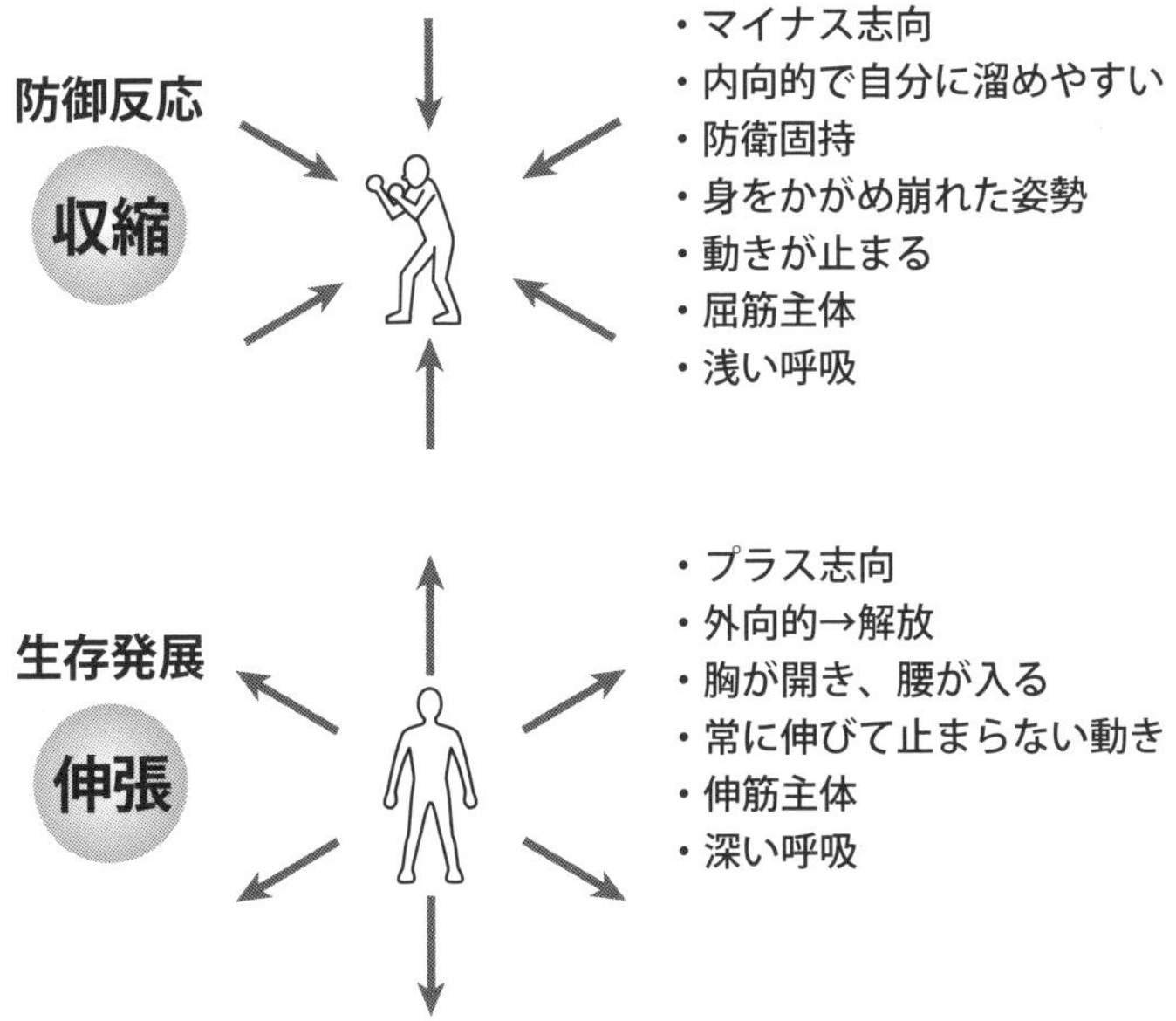


現代の平和社会でも他人との競争の中で、ある種の不安と危険を背負って生きているのが我々である。防御反応から、姿勢、力も動きも全てが内向的になり、身体が硬直する。体内の生命システム機能も低下し、本来の力が消える。

## 堅守防御

❶Aは、Bをパンチで攻撃する。
❷Bはボクシング的に手や身体を使い、ガードを固める意識で攻撃を受ける。
❸Bは自分の意識をチェック。守る意識であるから、収縮し、内向的になる。
❹Bは自分の身体をチェック。守るため自然に頭が下がり、身体を丸くさせ、肩や腕が緊張する。
❺Bは同じ状態から打ち返してみる。打てば外向だが、守りの姿勢で身体を固めてしまうと狙った攻撃になり、緊張が残る。守って打つの繰り返しが、典型的な打撃武道に見られる攻防であるが、解放感がなく、

力は留まり伝達されない。従って筋力に頼ることになる。

構えは、不安と緊張も促す。

## 解放攻防

❶Aは、Bをパンチで攻撃する。

❷Bは手を上げてもいいが、上体をまっすぐに起こし、丸めない。手で守るのではなく、足の動きで攻撃をかわす。相手の横、後ろ、中などの空間へ、自分が抜ける意識である。

❸Bは自分の意識をチェック。守りに入らなければ、意識は八方に広がる。相手は一人とは限らない。

❹Bは自分の身体をチェック。多少崩れても、動きながら姿勢を立て直す。肩や腕を緩め、足腰の動きで上体を支える。

❺この状態でBは打ち返す。身体の緩みとフットワークを使い、身体が開き、大らかな状態。この状態では、位置エネルギーが高い。パンチを落とせば威力がある。

心も体も開くように動かす。そうすれば、良い姿勢が保てるだけでなく、不要な感情やエネルギーが内側

心と体を開くように動かす、解放攻防。

に溜まらない。縮こまれば止まる。開いて伸びれば動きは続く。相手との間合いも調整できる。開いた体勢からの打撃は、威力が優る。路上では相手の外（裏や背後）に身を置かないと危険であるから、このような動きが重要である。

あえて守らず、さらけ出す。そこにパワーがある。守って縮んでいるうちは、それがわからない。開き直りでもいい。「殴ってみろ。殴られてもいい」という意識に、未知の力を見出す（「殴られる」の項、参照）。争いの中でも心身を開き、体をその状況に委ね、リラックスできる大きな自分を発見する。そんな探求に、システマのトレーニングが他の武術の練習と違うポイントがある。

# 第3章

# 身体性能

## 身体構造と整姿体

### ― パワーの骨組み ―

「打ち込む態勢をつくるのが先で、剣はそれに従うものだ」

(宮本武蔵)

身体能力を発揮するにあたって、フォームは全ての土台である。スポーツの世界を見れば、一目了然だ。野球やゴルフの打球は、フォームが全てと言ってもいいぐらいだし、バスケットボールや、サッカーのシュートも同様である。水泳、体操、テニス、バレエ、何を見ても、フォームを確立せずには上手くなれない。一流選手でさえ、フォームが微妙に崩れるだけで力を発揮できなくなる。

ボクシング、柔道、空手、フェンシングなどの格闘スポーツも、やはりフォームが正しくなければ有効な攻撃はできない。ボクシングで、顎や肘が上がれば殴られる隙を作る。柔道では、前傾姿勢だと腰が折れ、投げられやすい。腕力や、スピード、気迫、タイミングなど、武術に有益な特質は数々あるが、どれを取っても、姿勢が崩れてしまえば効力が損なわれる。

システマのフォームは、打撃系の武術のように下半身を固めて打ったり、上半身を固めて受けるものとは基本的に違う。中心軸を捉え、その周りは自由自在に柔らかく動ける自然な身体意識と構造であり、戦う姿勢ではない。操り人形のような感覚だ。天から身体が操られていると考えると、余計な緊張が取れて背筋が伸びる。天に任せリラックスする。

地球に軸があるのと同様に、人も軸を通して定まった動作を生み出す。それは背筋を伸ばすことで始まり、頭を傾けず、腰や膝が緩んで、バランスの取れた自然体が基本になる。正しい身体構造とその意識を持つことで、自然の力と調和する。

だから、崩れずに強靭な整姿体を生むことができる。手足に頼らず、構造で力を出したり、相手を動かすこ

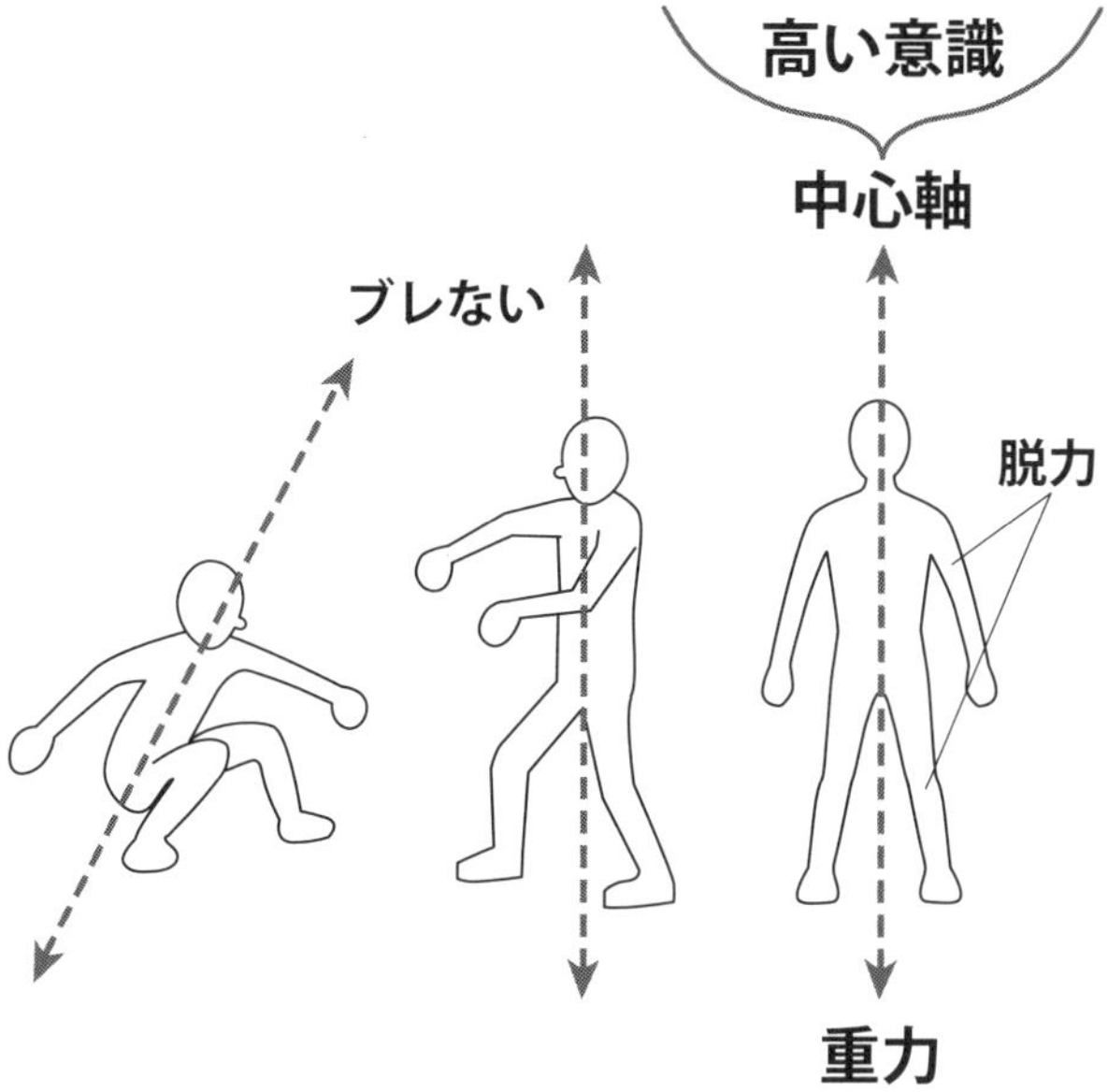

整姿体を保てれば、自然の力と調和する。

とができる。下半身の構造がしっかりしていれば、上半身を楽に緩ませ、腕の動きが自由自在になる。
しかし、整姿体が崩れると自然との調和がなくなり、その力を利用できなくなる。

## 整姿体の重要性

### ▼自然との調和

自然と一体になり、無理のない心身と動きが生まれる。

### ▼中心軸が立つ

体外に意識が伸び、その意識で心身の均衡が保たれ安定が得られる。例えば、頭が下がれば、意識が下がり視野が狭くなるだけでなく、精神もマイナスの状態になる。自信がないと下を向くのがいい例だ。

### ▼高い振動エネルギー

姿勢が整えば、意識が高いところへ伸び、自意識を超えた高い意識と繋がる。

### ▼ブレない動きを作る

軸が通ればブレの少ない体の動きが作れ、折れない意識が通る。そうすれば、筋力に頼る必要はない。筋力は有限であり、小さい者は筋力勝負では勝てない。意識は無限であるから、体の大小に関係なくどこまでも強くなる可能性を秘めている。

### ▼脱力を促進

不要な筋肉を緩められる。姿勢が悪いと体を不必要に支えなければならず、筋肉に負担がかかる。首が体幹の上に収まり、肩が下がって胸が開けば、腹への意識が深まり、背中を緩ませることができる。自然に落ち着き、自信も湧く。

### ▼重力の利用

中心が定まれば、重心も定まる。重力への意識がはっきりし、その力を利用できる。姿勢が悪ければ、重力に抵抗しながら動くことになる。

### ▼複数相手への効用

一対一なら、崩れても体勢を立て直せるが、多人数では、そんな余裕はない。一旦崩れれば、周りから追い打ちがかかる。だから整姿体で流れるように動き、崩されても動きの中で立て直す意識が必要である。

構造が崩れると、余計な負担が身体のいろいろな部分で起き、威力が出ない。攻撃も脱出も、全て身体構造の移動である。構造が決まっていれば、逃れることと攻撃が同時にできる。しゃがんだり寝技状態になっても、動きの中で身体軸を確立する。その感覚が掴めれば、どんな体勢でも緩み、自由でいられる。

人は意識的に自らの中心を持っている。丹田がその箇所であり、さらに中心線が背骨付近に通っている。姿勢が整っていると、丹田にある芯は、緩んで重い。中心線は体内を超え、自然界に伸びる。その自然な状

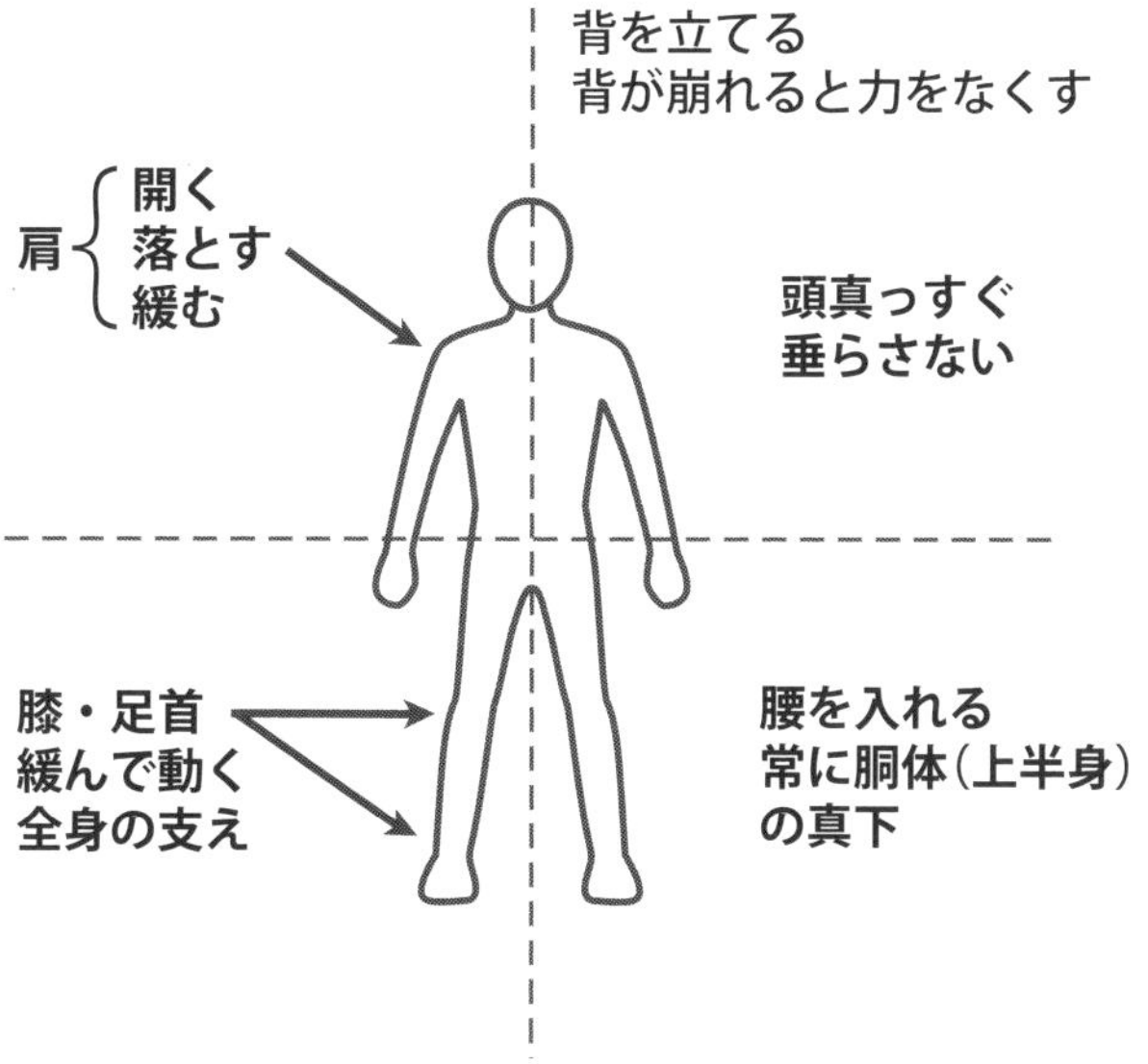


整姿体では、自らの中心（丹田）が緩んで重い。

態が崩れると、重心が浮き上がったり、中心線が消える。

どんな意識を持つかで身体構造が決まる。襲われると防御反応から意識が内側へいき、大世界と分離する。身体構造が崩れ、相手や周りと分離し、パワーを失う。パワーを復興するには意識を広げることである。そのための整姿体である。身体構造を正すことは、最大限に力を発揮する、身体動作の条件なのだ。

# 緊張（テンション）と緩み（リラクセーション）

「緊張とは自分がこうあるべきだと思う姿で、緩みが真の自分の姿である」
（中国の諺）

「リラックスしろ」という言葉は様々な環境で頻繁に聞かれる言葉であるが、その意味が頭上を通りすぎていくのが普通であろう。過度の緊張は能力を妨げ、緩みは人を自由にして本来の力を発揮できる基盤を作る。

緩むということは、本来の自分に戻るということだ。生来のパワーを持った自分に帰る、それがリラックスである。

例えば、手を上げただけで不要な緊張（テンション）が身体にあれば、そこから何をしてもその緊張がついて回り、邪魔をする。既に余計な力が入っているから、触れただけで相手にわかる。無駄な力、緊張は相手に利用される。

緩むことを学び、テンションの使い方を学ぶことがシステマの中枢である。

肩を押された時、押されまいと反射的に足腰で踏ん張って上半身も固まらせては、囚われが生じ、次の動きに反応できない。相手の押す方向には抵抗できても、他の方向が弱く、隙だらけになる。相手が力を抜いたら、つんのめったりもする。固まってしまえば、変化もできないし、脆い。

**緊張**

**▼囚われ、自由がない。**
**▼力がすでに入った状態で、やること全てが力ずくになる。**
**▼固まった体は脆く、ダメージを受けやすい。**

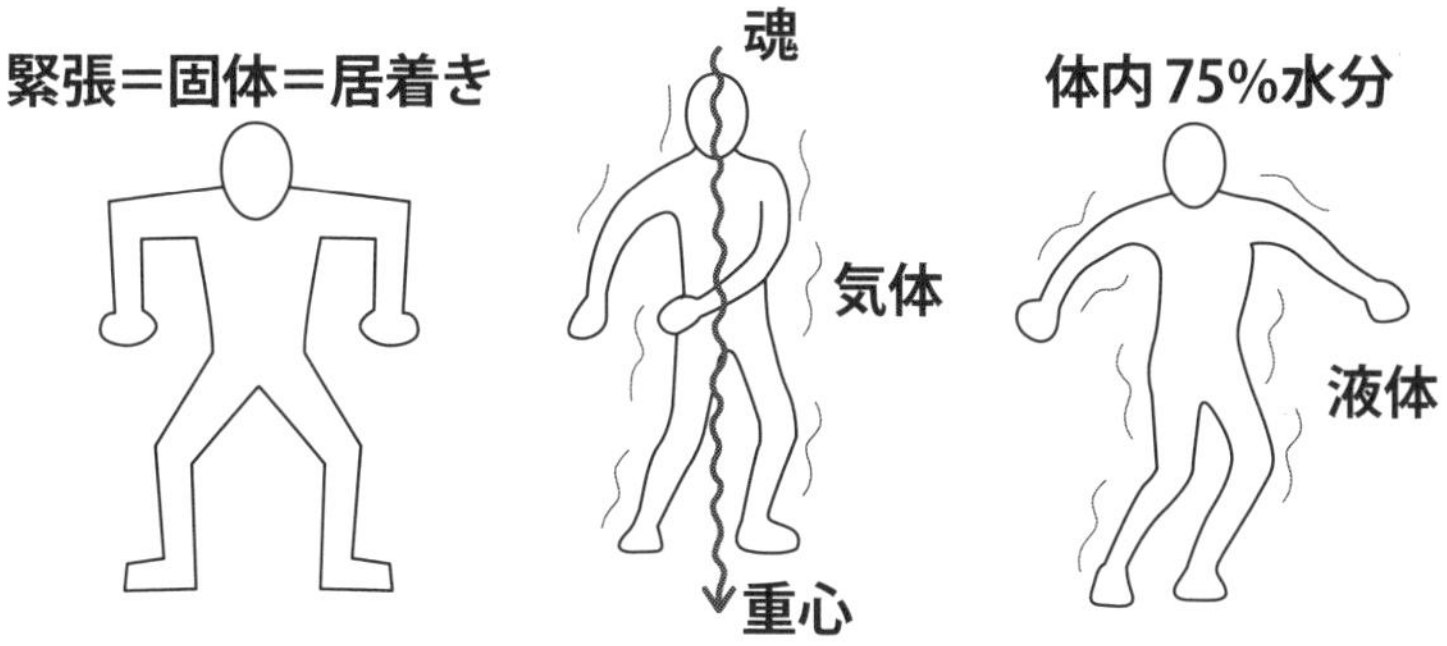
緊張＝固体＝居着き
魂
気体
重心
体内75%水分
液体

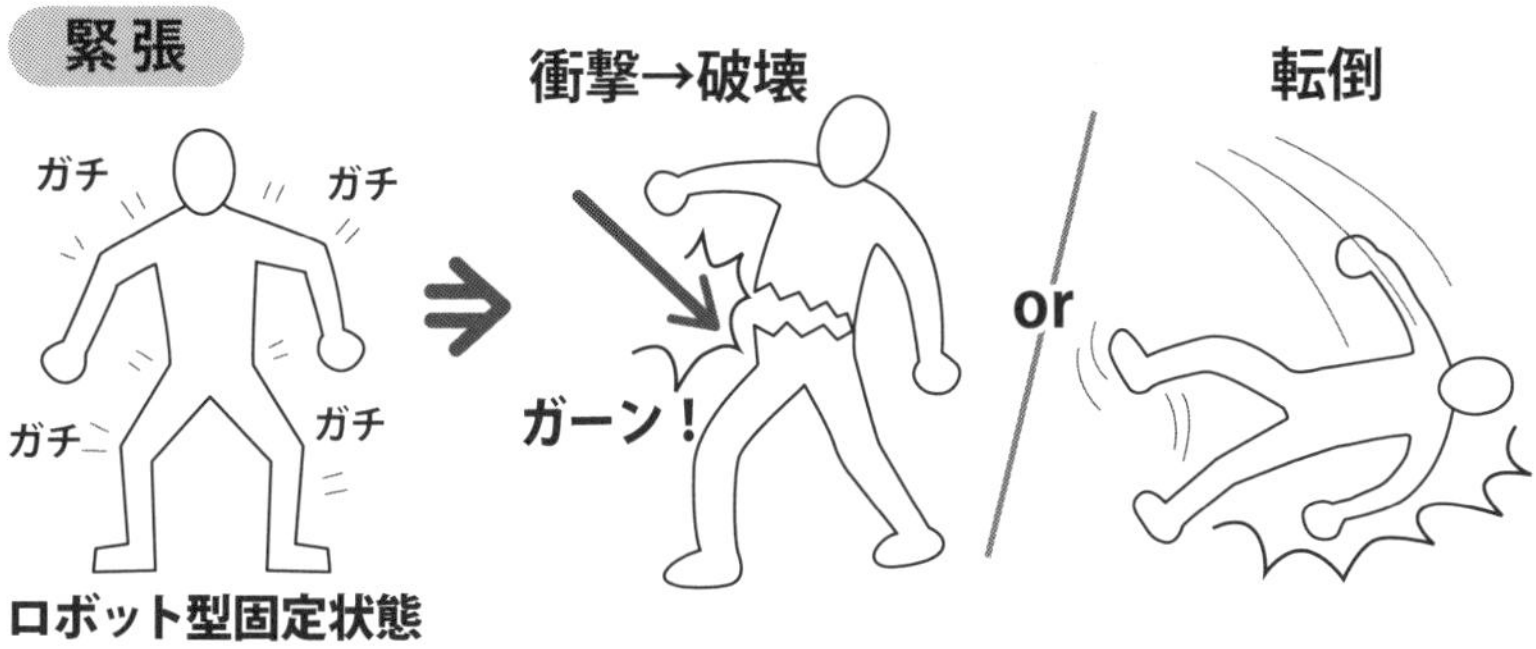
緊張
ガチ
ガチ
ガチ
ガチ
ロボット型固定状態
衝撃→破壊
ガーン！
or
転倒

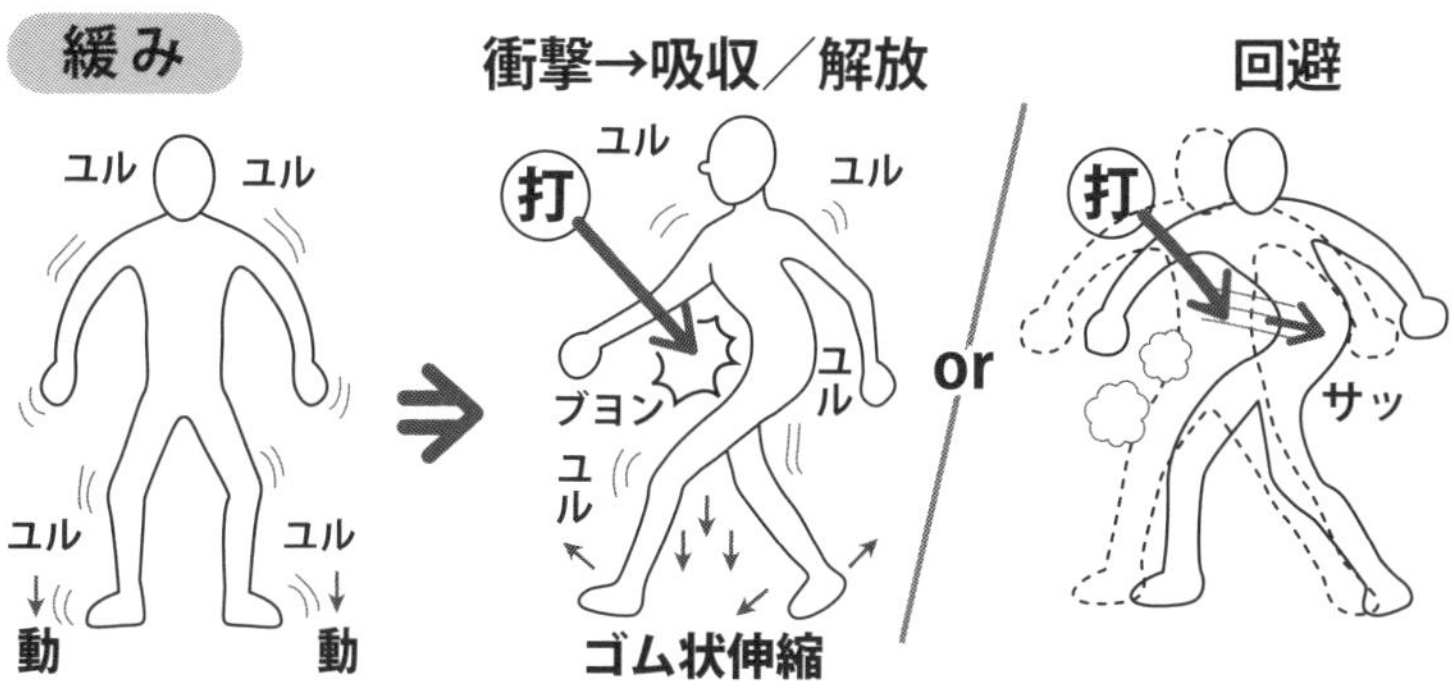
緩み
ユル
ユル
ユル
ユル
動
動
衝撃→吸収／解放
打
ユル
ユル
ブヨン
ユル
ユル
ゴム状伸縮
or
回避
打
サッ

▼動きが止まり、変化できない。
▼動きが尖って硬く、相手に読まれやすい。
▼視野が狭くなり、想像力に乏しい。
▼一方向にだけ強くて、残りの方向は弱い。

## 弛緩

▼何にでも対応できる自由性。
▼自然に動けて、変化にも対応しやすい。
▼相手を感じられる。
▼体内から力が出せ、相手にはわかりにくい。
▼攻撃をずらしたり、そらしたり、吸収したり、ぶつからずに処理できる。
▼視野が広がり、選択肢が豊富になり、自然と必要な動きが出る。
▼全方向に強い。

筋肉の緊張は、何かのために使用中ということだ。適度の緊張は、姿勢を保ったり動いたりするのに必要だが、我々は必要ない筋肉まで硬直させやすい。それは無駄に活動してエネルギーを消費するだけでなく、動きが制限される。

緩むことは、必要のない筋肉をオフにすることである。そのためには、身体を細分化し、各パーツを意識的に動かせることが必要だ。

さらに、緊張するとエネルギーが上昇し、重心が浮く。浮いた重心は崩れやすいのは言うまでもない。重力に逆らうと、それを正しく感じることもできないし、利用することなど不可能だ。

身体を緩めると、自然に重心は下がる。そうすることでのみ、重力を感じ利用できるのだ。

人は、安全を感じた時に、リラックスし緩むことができる。気の運行や血流が良く、脳や身体機能が活発化し、能力はアップする。緩んだ体はパワーを秘めており、次の瞬間に何が起こるかわからない世界での対応には欠かせない。

全てが緩むと腑抜けになるので、身体構造を立て、

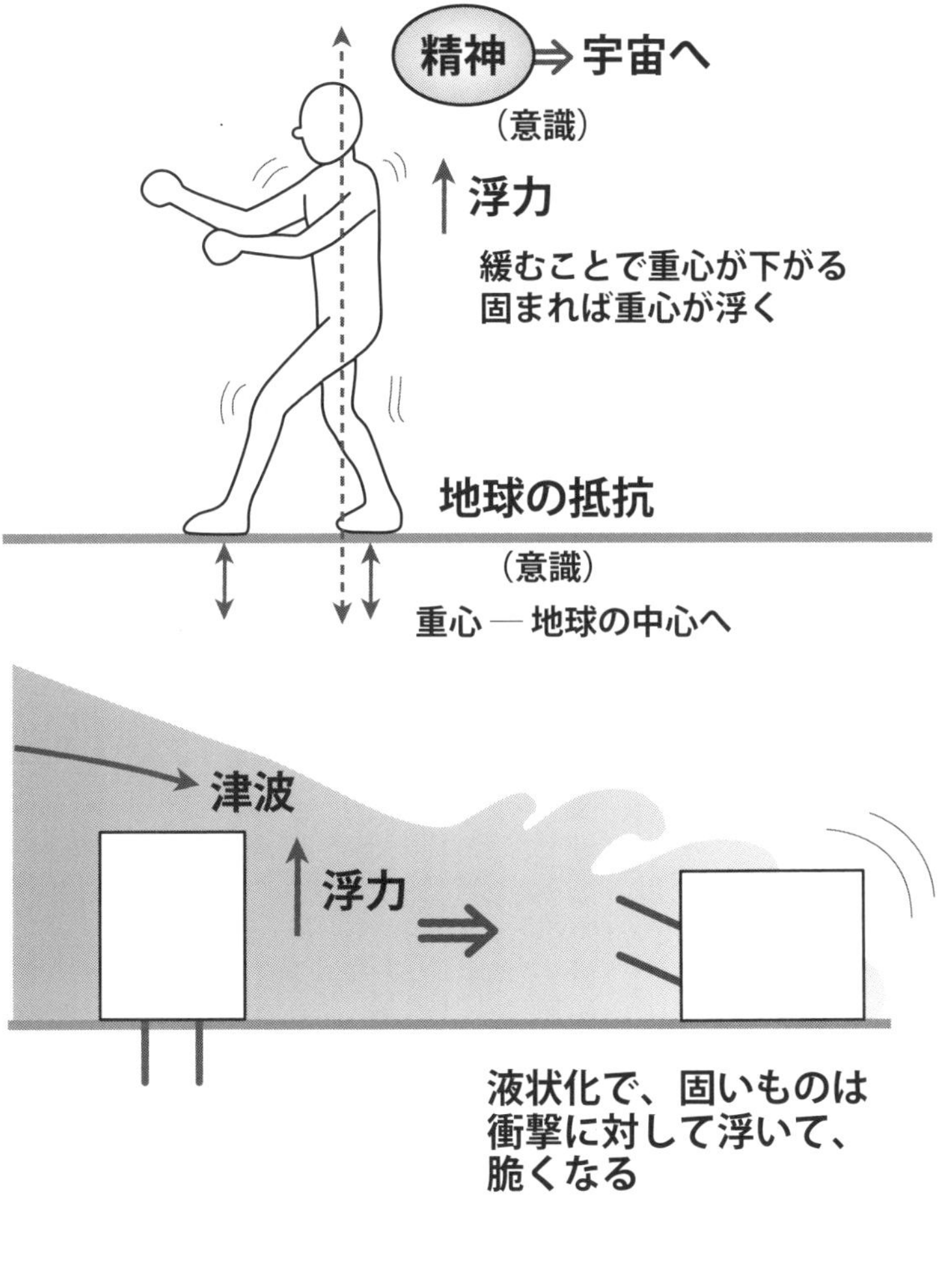


身体が整って緩めば、地球の中心へ繋がり、宇宙にも繋がる。

その周りを緩ませる。緩んだ中で、瞬間ごとに必要な箇所だけに緊張を作り、動く。緩んだ体で芯が通っていれば、押されても打たれても、体は波動を起こして各部がしなるように動ける。かわすことも攻めることも、自由に反応できる。

まず、緊張と緩みの両極端を感じることで、自分がどれくらいの緊張度を持って行動しているかの自覚を持つ。

## 緊張と緩みの実験（パンチを打つ）

**❶立った体勢で、全身をカチカチに固めてみる。頭のてっぺんから、つま先まで、全てに力を入れる。歯を食いしばり、目をギュッと閉じ、拳を強く握り、全ての関節を固める。**

**❷この状態で呼吸をするのは困難である。少なくとも、呼吸の通り道である器官や、筋肉を緩めなければならない。動くのも不可能だ。関節などをある程度緩めないと、ガチガチで動けない。**

**❸身体の緊張を20％緩めると80％の硬さがあり、スローモーションで動く感じだろう。**

**❹50％緩ませると、相手を押せるが、パンチは打てない。**

**❺70％緩ませると、ある程度のスピードで打てるが、硬さがあり、跳ね返りがある。**

**❻90％緩ませると、かなり楽に打てるが、何か抑止するものがある。**

**❼100％に限りなく近いところまで緩ませると、かなりの衝撃が相手に伝わる。**

この実験から、緊張がどれだけ自分の動きを邪魔するのかがわかるだろう。パンチに限らず、少しでも力んでいれば、様々な面でパフォーマンスを下げるのである。問題なのは、自分で自分にブレーキをかけているのに気づくどころか、問題の認識さえないことだ。

さらに、動きの中で緩むことを学ばなければならないし、脅威の中でも緩み、動かなければならない。どんな体勢や状態でも、心地良さを保てるように動く。

それがチャレンジだ。課題は、相手ではなく自分の中にある。

## 柔体VS硬体
### ―自由の条件―

「生きとし生けるものは全て、たおやかである。硬直したものは砕けやすく、力強いものは転げ落ちる……」
(老子)

緩みのない体は、緊張している箇所に力をまともに食らうと、全身が崩れる。陶器でもコンクリートの壁でも、その物質以上のエネルギーで衝撃を受ければ破壊されるのと同じだ。逃げ場がない状態である。ロボットのように体全体が一つに固まり、打たれれば全体が固まったまま動く。だから、ふっ飛んだり、崩れたりする。

しかし、緩んだ体は、粘りがあり弾力性がある。水分のある柔らかい粘土は、壊れず圧力を吸収できる。だから衝撃を和らげられる。凹んでも壊れにくい。緊張した体は、固まった粘土のように打たれれば脆く壊れる。強固な身体ではなく、強靭な身体を持ちたい。それには柔らかさが必要になる。

人間の体の70~80%は水分であり、筋肉はゴムのように伸縮しては元に戻る。人体は固体よりも液体に近い。身体を固めて防御するよりも、身体を緩めることの方が自然で理に適っているのだ。

水は壊れない。そのような体は、弾くことも、受け流すことも、吸収することも可能になる。吸収したエネルギーは、解放してもよし、相手に発散してもよし、と自由自在の体を作り上げる。その基礎が、緩むことにある。

## 柔体のしくみ

相手の胸を押す。押される側の反応は次のようになる。

**▼胸に力を入れ、踏ん張って留まろうとする。**

↓身体全体が固まり、飛ばされやすい。打たれると身体が崩れる。

**▼抵抗せず、そのまま押され後ずさりする。**

↓押しに抵抗しなくても、バランスを保つために、腰や膝などが固まる。動きが鈍り、次の対応が遅れる。

**▼胸を緩ませて（凹ませて）押しの圧力を吸収し、力を柔らげる。凹ませた箇所で緊張が起こらないように、波状に身体を動かし、自然体に戻る。**

↓胸を緩めることで、足の位置を変えずに凹ませながら、同時に相手を打つことも可能である。

「殴らせない」という体勢は、身体に緊張を起こし、脱力性を妨げる。これに対し、「殴られてもいい」と思うから緩むことができる。

体を緩ませることで、打撃の衝撃エネルギーを吸収し、体外へ放出する。でなければ衝撃は緊張した箇所で止まり、痛みやダメージとなって現れる。殴られるのを恐れるから痛いと思うし、固まるから怪我をする。

脱力が適度にできれば、殴られても怪我を避けられる。理論上は、圧力に対して抵抗がゼロであれば、当たることもないし、壊れることもない。もちろん、科学的に完璧に動くことは無理かもしれないが、要は緩んで限りなく抵抗がないように動けば、ダメージは低いということだ。

二階から落ちた赤ん坊が無傷だったという話を聞いたことがあるだろう。赤ん坊は固まることを知らない。緩みは目に見えないところで、損傷を最小限にとどめることに貢献する。緩んで動けば、攻撃から体を外せ

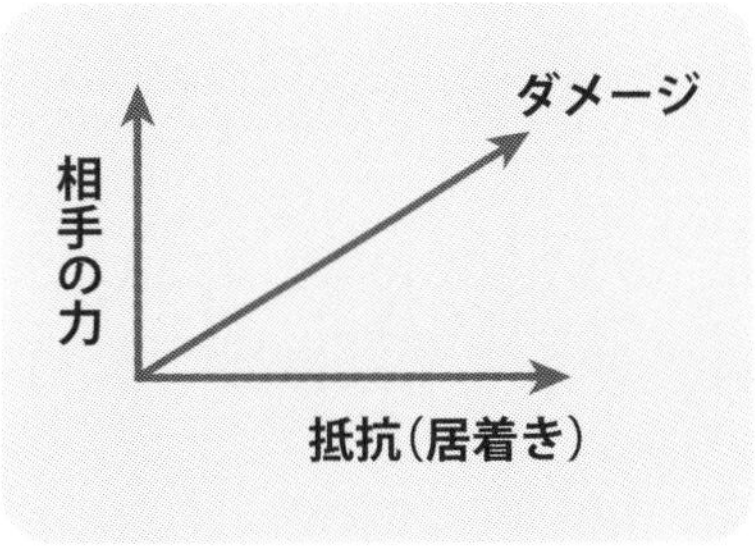


抵抗しなければ、ダメージは低い。

る可能性も高まる。

また、打たれるとその箇所の細胞が異常を感知し、硬直する。出血すれば、赤血球が増え、体が防御態勢に入る。そのため、酸素が行き渡りにくくなり、回復が遅れる。呼吸をして、心身を緩めることで、血行を良くして回復を早める。柔体とは、それを常に行って即座に回復しながら戦える身体である。

同様に、不意に刃物が直撃したら、体が固まっていては深く刺される可能性が高い。であるから、普段から身体を硬くせず緩むことで損傷を最小限にし、少しでも危険度を下げる。

たとえ刃が体に刺さるとしても、緩んで動けば貫入率が低くなる。固まった身体ほど損傷が大きい（「システマ式武器処理」の項、参照）。

## 転倒と自倒

### ―踏ん張るな！―

「どんな大人も、一度は子どもだった。でもそのことを覚えている大人はほとんどいない」
（小説『星の王子様』アントワーヌ・ド・サン＝テグジュペリ）

大人は転ぶ事を怖がる。子供のように地面に転がることを忘れているからだ。

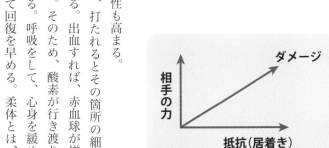

社会に出れば、地面は汚い場所で下等動物の住む世界という意識も強くなる。天は上、地獄は下だ。上に立つ者、見下す、身分の高低など、上下高低が人の意識を万国共通に表している。

地面を這うことを敬遠するから、倒れまいとするのが普通であるが、身体は硬直し弱くなる。転び方を学ばないから、転ぶ＝苦痛となり、その恐怖感が身体に現れる。

相手と離れていれば殴られる恐怖があり、接触したならば倒される不安を無意識に身体が背負っている。

踏ん張って、挙句の果てに倒されれば、床や地面に叩きつけられる。畳であれば柔道や合気道的な受け身でいいが、コンクリートや硬い地面ではもっと高度な受け身が要求される。立ちに固執せず、倒れるのを感じたら自分から先に安全に倒れる方が遥かに賢い。

## 安全な転倒の条件

**▼地面に抵抗しない。地面と戦って勝つ者はいない。**

**それには柔体となって緩めることだ。手から落ちても、衝撃の瞬間に、手、腕、肩、背中などの筋肉を柔らかくコントロールし、骨を避けるように身体を着地させる。回転動作を使って衝撃を和らげるのも方法だ。固まった身体は、衝撃を逃すことができない。畳上だけの練習では、腰や背骨を打ってもわからない虚の世界になる。コンクリート上で回転動作を行うことで、骨を打たずに回ることを学べて、より現実的である。**

**▼下半身の高い可動性。いわゆる便所座り（ヤンキー座り）ができればいい。地面に向かう際に腰が降りれば、座るような感覚で倒れることができ、衝撃が少ない。腰、膝、足首などの関節を柔らかく動かすことが必要だ。腰が高ければ、落ちることになる。そこで使うのが前回りなどの回転動作であるが、これもまた、腰や背中を柔らかく使えないと地面にぶつかる。**

**▼倒れそうになったら、踏ん張らずに自倒し、身体を打たないように着地する。**

地面に向かう際は座るように低く倒れ、柔らかく転がる。

倒れ方を学び、地面や床と上手く付き合うことで、動きの範囲は倍増するだけでなく、下へ行く恐さがほぐれ、緊張が少なくなる。この点を充分トレーニングして緩むことができれば、下に行くも、立って処理するも、自由な選択となる。恐さを解消しない限り、自由は得られない。

倒れることを学ぶのは、健康を保つ秘訣でもある。日本人が長寿なのは様々な理由があるが、地面や床に

便所座り（ヤンキー座り）ができればＯＫ。

接した生活をしていることも挙げられるだろう。床に寝たり、正座や胡座から立ったり座ったりと、腰、膝、足首を他の国の人よりも日常で多く使う。

若い人が全般的に脆いのは、洋式生活に慣れ、足腰を使わないからだ。身の安全を守り、なおかつ健康になるという一石二鳥は、システマのトレーニング全体に言える。

## 地面と上手くつき合うトレーニング

**❶上体起こし。横たわり、上体を起こす。腹筋のように正面から上がったり、上体を横にして左右から起きたり、膝を曲げたり伸ばしたり、体勢を変えて上体を起こす。足を振って反動で起きることは避ける。**

**❷座り。❶の上体起こしの後、体育座りから正座へ移行してまた戻る。また正座から横座り、長座位へ移行し戻る。これらを❶の動作と合わせて、順番に関係なく様々な組み合わせで動いてみる。**

**❸半立ち。立膝から半立ち、踵座、立膝半立ちへの移**

**行とそれらの動作の組み合わせを探り、さらに立ち上がる。❶、❷、❸を全て組み合わせて動いてみる。上体を起こし、座り、腰を上げ、立つ。その逆を行い、寝転がる。**

**❹寝る、座る、立つ、の3動作の種類と順番を変えながら、スムーズになるよう何度も繰り返す。さらに、手を使わずにスムーズにできれば、武術的な応用動作が可能になる。**

**❺これらに、前回り、後ろ回りなどの回転動作を、座った状態や中腰から加えて、上下運動に組み合わせる。**

転倒動作はシステマの基本練習の一つで、いくらやっても足りないぐらいだ。倒れ方の基本がわかれば、後は人に押してもらうなり、足を払ってもらうなりして、応用して行う。

その際のキー・ポイントは、自ら倒れる（寝る、転がる）ことである。相手が倒してくる動きを、自ら地面に移行する動きに転換する。そうすれば、地面に叩きつけられたり落ちたりしない。倒れるというよりも、自分のコントロールで寝転がる感じだ。

## 胴体意識のパワー

「疲れさせるのは、登る山ではなく、靴の中の砂利だ」
（モハメド・アリ）

何かが顔面に飛んでくれば、咄嗟に手で防ぐだろう。人は手に頼って何でも処理する。手の発達は人類の可能性を限りなく広げたが、その反面、胴体への意識を疎かにしている。

胴体は身体の中心であり、手足の動きの源でもあるが、無視されがちである。そこには、人が気づかない未開発の力が眠っている。ダンサーでもない限り、体幹をフルに稼働させることはまずないだろう。日常生活に必要ないからだ。しかし、刃物や、複数の相手、突然の襲撃からの防戦を考えると、胴体の動きが重要な鍵となる。

胴体は大きな標的であり、刃物などで一番狙われやすい。しかし、その胴体は一つのブロックではない。大きく分けても、胸、上腹、下腹があり、背中も上中下とあり、さらに全てが左右に分かれる。

本来なら、各部は独立して動くものである。普段から動かさないと、結合組織が固まり癒着する。動作も鈍くなり、健康にも良くない。例えば、肋骨の周りの筋膜が固まれば、肺が圧迫されて拡張できず、呼吸が正常に行われない。丹田や深層筋などへの意識も低くなり、体の中心から力が出せない。

防御面から見ると、胴体が一つのブロックでは衝撃を食らうと体全体に衝撃が起き、壊れたり、倒れる(「柔体VS硬体」の項、参照)。細分化すればする程、力を部分的に逃がせる。胴体を部分的に分けて動かせれば、損傷を最小限に抑えられる。

攻撃面から考えても、胴体が固まっていると力の伝達に支障が出る。足腰の力も胴体を通して腕に伝わるが、その肝心な胴体が緩んでいないと力が遮られる。

肩は上下前後左右とあらゆる方向に動くことを学ぶ。肩の動きがわからないと、胸や背中への意識がなかなか湧かない。

腰も同様に、前後左右の動きや、仙骨を中心に左右に分離した腰の感覚をつかむことで意識が高まる。腰を活性化させないと、へっぴり腰になる。

同様の意識で、胸や腹を動かす。腕は肩の中から始まり、脚は腰の中を起点とすることを認識する。胸の動きを活性化させないと、両腕をしなやかに連動させることは難しい。同じように腹と腰を連動させ、脚の動きを自由に使えるようにする。

胴体の中を細分化して連動させると、波動が起こる。それを手足に伝えることで威力が出る。

さらに背骨への意識を伸ばし、使う。背骨は一本ではなく20以上の椎骨が繋がり、曲がるものだ。運動や感覚は背骨の神経を通して伝達されるから、これほど重要な箇所はない。胴体の中心を走るから、緩めて使わないと周りの筋肉も活性化されない。

手足の根源は体幹にある。強い圧力で攻撃された時、手足だけで和らげて逃がそうとしても、体幹でぶつかりが生じる。どんな方向から押されても、打たれても、突かれても自由な身体を維持するには、胴体を柔らかく使うことが基本である。

## 胴体パワー

**▼細分化し、波動を起こすことで、より大きな力が生まれる。**

**▼通常の筋力(手足)に頼らず、中心から出る力を使う。**

**▼細かい部分を緩めることで、即、相手の力を逃がすことができる。**

**▼体全体を動かさなくても、一部分を緩め、同時に攻撃できる。**

**▼胴体の細かい動きは、相手に読まれない。**

**▼胴体を緩めれば、自由度もリラックス度も大きく上がる。**

**▼足腰や大地の力を手に伝えるにも、胴体が活性化されてなければ、ブレーキになるだけだ。**

ラグビーやバスケットボールの選手は、ボールを持って走ったり、ドリブルしながら敵の守りをすり抜けて攻撃する。二人以上の相手を通り抜けるには、胴体が三次元的にずれるように動くことで衝突を避ける。

武術的にも、複数処理や群衆の中を抜ける時などは、胴体部が硬いと邪魔になる。ナイフ攻撃でも同じコンセプトだ。足運びや手だけで避けたり逸らしても、胴体で引っかかってしまう。

このように、体幹部の意識と使用法を高める。

## ナイフ防御の基礎動作

**▼ナイフ攻撃を防御せず、身体で受ける。仮にナイフ**

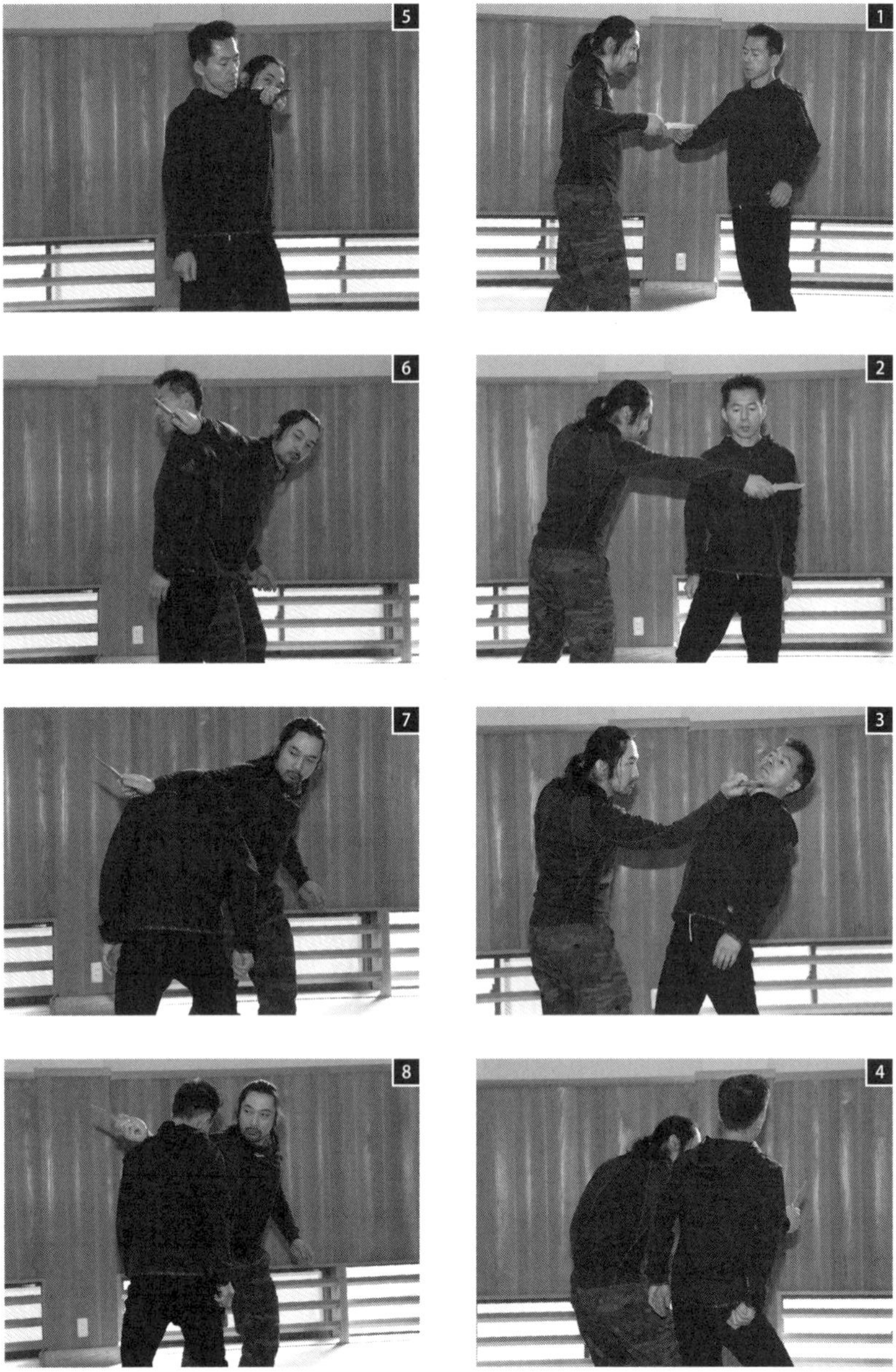

ナイフ攻撃に対し、緩んだ胴体でぶつからないように動く。

（トレーニング用）で胴体を突かれたり切られたりして死んでみて、その感覚を受け入れる。力みをなくし、緩んで気持ちよく切られる。

▼緩んで自然に動けば、胴体がぶつからないように、なびいて動く方向がある。それが刃物を実際に退ける動きだ。

▼その動きに手を添え、足運びを加えていけば、もっと楽にかわすことができる。

▼素人は、素直に身体に当たらない方向に動かせるが、武術経験者の方が、止めようとしてぶつかったり、動きが硬い。防御して反撃することを学んでいるからだ。そこを白紙の状態にし、胴体を鎧のように使わず、柔体として緩ませる。

# 第4章

# 身体操作

# 接触の技術

## ―タッチで全てが決まる―

「いかなる自然も芸術に劣らず。芸術の作業は、全て自然の物事を真似ることなり」
（マルクス・アウレリウス）

優れた武術家と凡人を分ける要素の一つは、その対象に対する触れ方である。

作風、手法、手際の良さ、全ては接触にある。画家や書道家のキャンバスに対する筆のタッチ。ピアニスト、ギタリストの楽器に対するタッチ。球技選手のボールの握り方、持ち方、キャッチの仕方、レシーブの仕方、どのようにボールに触れるのが最適だろうか？

楽器を粗雑に扱って優れた音は出せないだろう。ボールをギュッと掴みにいけば、弾けたり、手から溢れる。

肉体的なことだけではない。ビジネスの交渉、友人の説得、女の口説き方、何をとっても、人に対する最初の接し方で全てが決まると言ってもいいだろう。

武術も全く同じである。相手との接触の仕方で全てが決まる。相手を興奮させないように穏やかに接することで、不要な危険を回避することも可能だ。

離れていても肉体的に接触があっても同じだ。相手に攻撃的に触れれば、攻撃的な答えが返ってくる。因果の法則だ。気づかないように触れれば、相手は気づかずに受け入れる。

武術を暴力と混同すると、動作や操作が攻撃的になり、エスカレートし、無理な戦いになる。そんな接触は、粗雑で乱暴である。相手がどう感じようがお構いなしだ。

見えないように動き、読まれないように対応し、無理な戦いを避け、楽に制することを追求するのが武術である。そのため、繊細なタッチを要するのだ。

柔らかいタッチは自由性を保つ。作為をもって掴んだり押したりすると、その行為に囚われ、自由がなくなる。囚われないように押す。相手の抵抗を買わないように触れる。もし、抵抗が生じても、その抵抗を自分の力に転換できるような自由性を持つ。

柔らかい接触は、脳が受け入れる。危険と感知しないから、相手の反発が生じない。そのため、より楽に相手を制せる。温かい心で、極端に言えば愛情を持って触れることでのみ、相手の牙を取り払えるのだ。

## 触れる鍵

▼柔らかく、優しく。
▼微量の圧力で。
▼反発を起こさないように。
▼わからないように。
▼リラックスさせるように。

## 接触と圧力

高いレベルでは、触れただけで相手の技量がわかる。さらに上のレベルでは、相手と向かい合っただけでわかるだろう。相手をリラックスさせるように押す、打つ、倒す。それがコントロールに繋がる。

投げる、蹴る、殴る、極めるといった武術的な動作は、触れることから始まり、押すことが基本にある。全てはその延長だ。

相手の背中を後ろから押してみる。触れ方や押し方によって、感触や浮かんでくる思いが違うことを認識する。

▼指先や手首だけで触れて押す。
▼肩に力を入れて押す。
▼腕を突っ張らせて押す。
▼突き飛ばすように押す。
▼踏ん張って押す。

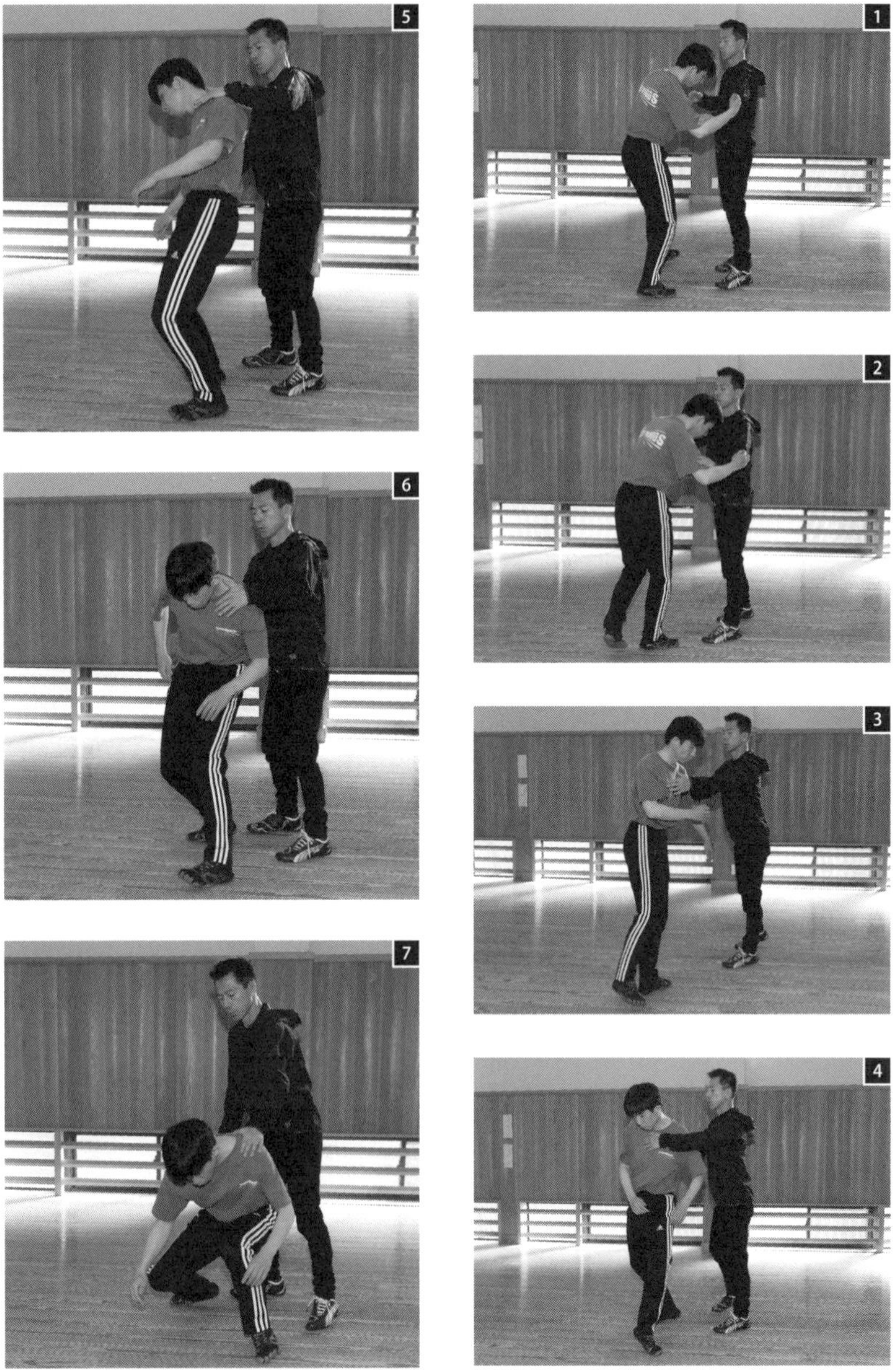

柔らかい接触でコントロールする。

二人に掴まれても、相手に合わせて動けば相手は崩れる。

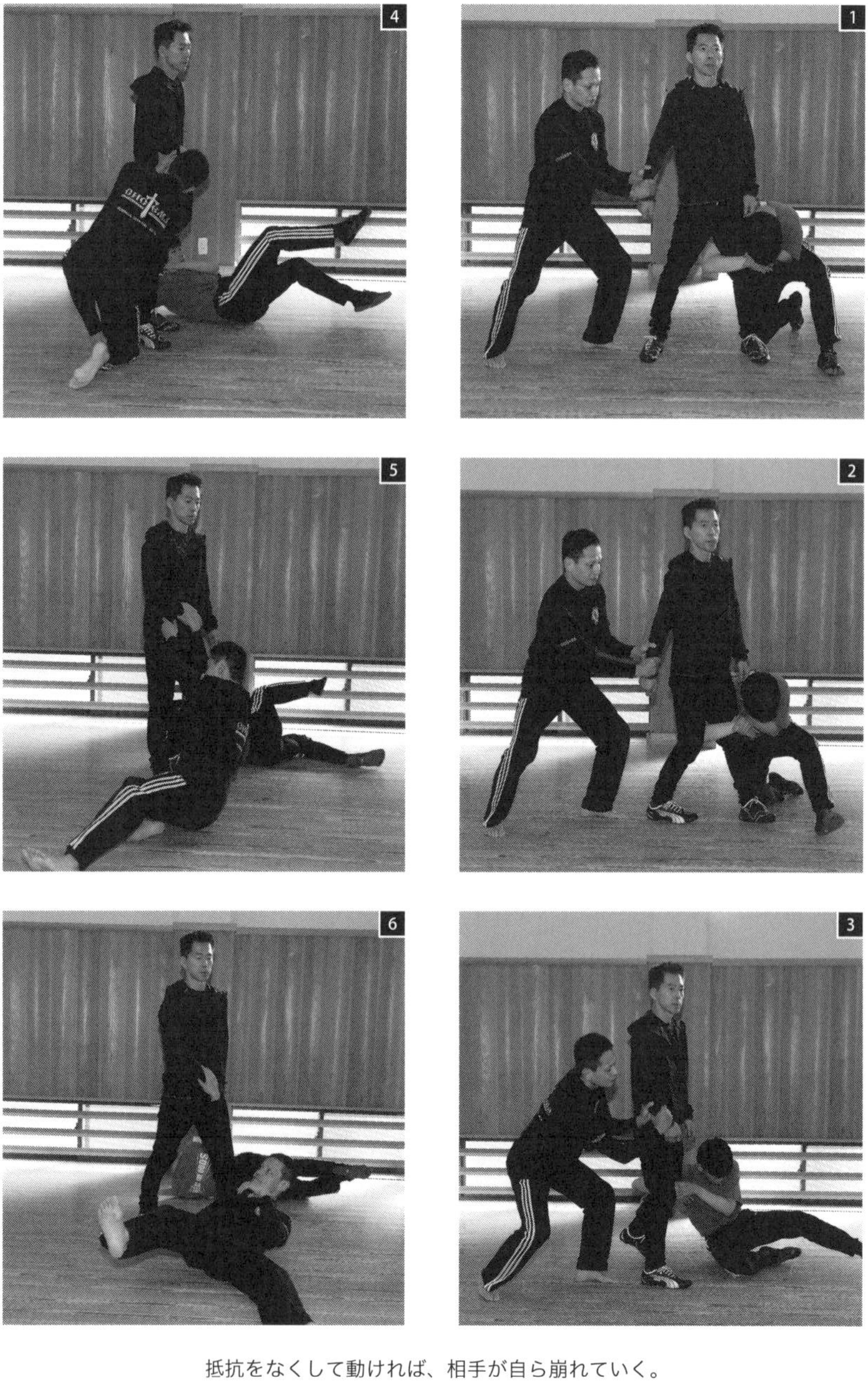

抵抗をなくして動ければ、相手が自ら崩れていく。

この実験のように、押し方にもいろいろあり、意図や作為があれば緊張が動作に現れ、相手の抵抗を買う。そうならない触れ方を学ぶ。

接触から余計なテンションや思いがなくなれば、自己を平静に保てる。穏やかな接触を保ち、相手に合わせて動くことで、相手が感じるものも微量になり、こちらの動作がわかりにくい。理に適った制御は、接触の仕方で決まるのだ。

# 抵抗

## ― 全ての問題の原因 ―

「戦えばその対象は強くなり、抵抗すればそれは持続する」
(エックハルト・トール)

接触技術を養うには、まず抵抗をやめることだ。しかし、抵抗は生存競争から養ってきた人類の本能的反応でもある。さらに、学校や社会でも競い合うから、抵抗感は根強く人の深層意識に存在する。些細なことでも、神経系統が過剰反応する。抵抗したほうが強いと思うのは、錯覚である。

### 抵抗の問題

一般的には、抵抗しなければ相手の思うままにやられるから、抵抗=防御と信じられている。だが、抵抗は動きを止め、居着きやすく、掴まれやすく、崩されやすい。攻撃側は受け側の抵抗をもとに攻める。抵抗がなければ、攻撃する対象がなくなる。

#### ▼全て自分自身に対する抵抗

自分へのブレーキとなり、動きの流れや、勢いを止める。

#### ▼相手に情報を与える

自分の動作、感覚、心理など、全ての情報が抵抗を通して相手に伝わる。

**▼相手を感じることができない**

自分自身の抵抗を感じているだけだから、相手の抵抗を感じていると思うのは錯覚である。

**▼自分が固まる（テンション）**

身体が固定化し、物体化するから、相手にはよくわかる。相手の技量が上であれば、その固まりを操られる。打たれると、崩れるか力が浸透する。

**▼居着く**

抵抗すると、その間反撃できない。踏ん張りも同じ。動作が分かれ、反撃しても二挙動である。抵抗をなくして体を緩めないと、一挙動で攻防を同時にできない。

**▼同調できない**

抵抗を消さないと相手と同調できず、一体になれない。相手と自分を分離しようとすれば力ずくになる。

抵抗しないでどうするか？　相手の力をかわすように動く、誘導する、転送する、吸い込む、溶かす……。表現もその感触も様々あるが、前項の微妙なタッチをもって動く。相手の動きを邪魔しなければ、相手は空を切る。空を切った相手の身体は隙だらけになる。

問題は抵抗自体ではなくて、抵抗がもたらすテンションである。抵抗せざるを得ない場合もあるだろう。目前でいきなりナイフで突かれたら、力を持って止めることは必要かもしれない。

しかし、次の瞬間に抵抗を外し、相手の動きを自分の動きに転換することで相手を誘導する。

## 抵抗の実験（ヘッドロックの例）

**❶相手に頭を掴まれる。**

**❷離そうとして、抵抗が生じる。相手はその抵抗を掴んで、もっと力を入れてくる。**

**❸内面の違和感をなくし、抵抗を消して、相手が掴ん**

ヘッドロックに対し、ただ相手の力の方向に委ねれば、相手から崩れていく。

**だ力の方向に頭を委ね、同調する。足腰は下に、心地よく移動する。**

**❹相手は抵抗を探して掴み直そうとするが、力が自分に返るので、掴みどころがない。**

**❺抵抗を起こさず相手が引き寄せる方向についていけば（この場合、相手自身の体）、相手自身の体に力が戻り、相手は倒れる。**

そもそも、他人の抵抗をそのまま感じることはできない。他人の抵抗だと思うものは、相手の力に対する自分の抵抗にすぎない。押しても引いても自分自身の抵抗を感じているわけだ。だから囚われ、相手の動きが読めず、常に遅れて反応することになる。つまり、実質上は自分自身に対する抵抗で、自分にブレーキをかけていることになる。

本質的に、相手や状況はコントロールできない。しようとするから抵抗が生じ、自由が利かなくなる。自分自身をコントロールして抵抗をなくす。相手に道を譲り、現実に起こっている事象に逆らわないことだ。

気持ちよく従い、譲れば、自分の自由は保てるのである。空間は無限にある。人に譲っても自分の動く場所はいくらでもあるのだ。

## ぶつかるな！

### ―愚者はぶつかり、賢人は同調する―

「敵対心をなくし、自分と相手の間で生じることを全て気と捉え、相手と自分の気を合わせる。こうなれば、相手は抵抗力を自然と失い、協力状態となる」

（塩田剛三）

もしトラックが突っ込んできたら、それを受け止め押し返そうとする者はいない。しかし、それが人だと、避けるどころかぶつかりにいきたがるのが人間だ。向かってくる力に対し、正面から衝突するか、抵抗を固

## ぶつかる理由

める。負けまい、守らねばならないと思う自尊心がそうさせる。お互いに譲らないから、それを乗り越えようとし、もっと力を出すようになる。こうして、力ずくで物事を解決しようとする。

格闘技は、戦って利益を求める世界であるから、戦うことが前提で目的となる。であるから、ぶつかりを求め、そこで勝負する世界だ。日常生活や路上では、その逆を求める。危険や窮地を脱出することが先決であって、相手を倒したり負かすことは二の次だし、そんな心理はかえって自分を不利にしかねない。

**衝突回避**

▼パス……　攻撃線から身体を外し、相手を通す。
▼スライド……　身体を緩ませ、攻撃をずらし、外す。
▼ライド……　同調して、相手の動きの上に乗る。
▼吸収……　柔体をもって、力を抱擁する。
▼蕾の制御……　攻撃の兆しや起こりを制御。
▼入り……　上記の意識をもって、入る。

相手の攻撃は現実として強く、速い。基本的に、相手の攻撃から遠ざかるように動くことが第一である。止まったり、攻撃に向かって動けば、当然ぶつかる。まず離れる方向に動き、その延長で同調するように相手の動きを拾って、自分の動きに転換する。

この点は、刃物に対して決定的である（「システマ式武器処理」の項、参照）。

刃物と同じ方向に身体や標的箇所を動かさないと、切られる可能性が極めて高い。しかし、完全に離れてしまっても、ぶつかるよりはいいが相手との関係が途切れる（「分離VS一体化」の項、参照）。

ぶつからず、しかも相手と途切れない動作から、制御が生まれる。少しでも、抵抗やぶつかりが生じると、相手がそれに反応し変化するので、相手に悟られないような微妙なタッチを要する。

## 同調の条件

**▼相手と同時に動く（早まらない、待たない）。**

**▼相手と同速度で動く（距離や感覚を保つ）。**

**▼やさしく動く（変化についていく）**

**▼相手の感情に反応しない（相手の興奮を緩和するような気持ち）。**

通常、相手の力は、始まりがあり、ピークを経て、動作の終わりがある。通常の反応では、一番わかりやすいピーク時に対処する。しかし、相手の力が最も乗った瞬間であるから、拮抗しやすく、ぶつかりやすい。

何も困難な対処を選ばなくても、力の弱い動き始めや、動き終わりを捉えることで作業が楽になる。

## 組み合い

**❶押し引きの力勝負はぶつかりである。**

**❷力を逸らしたり、別の箇所を攻めて崩す。**

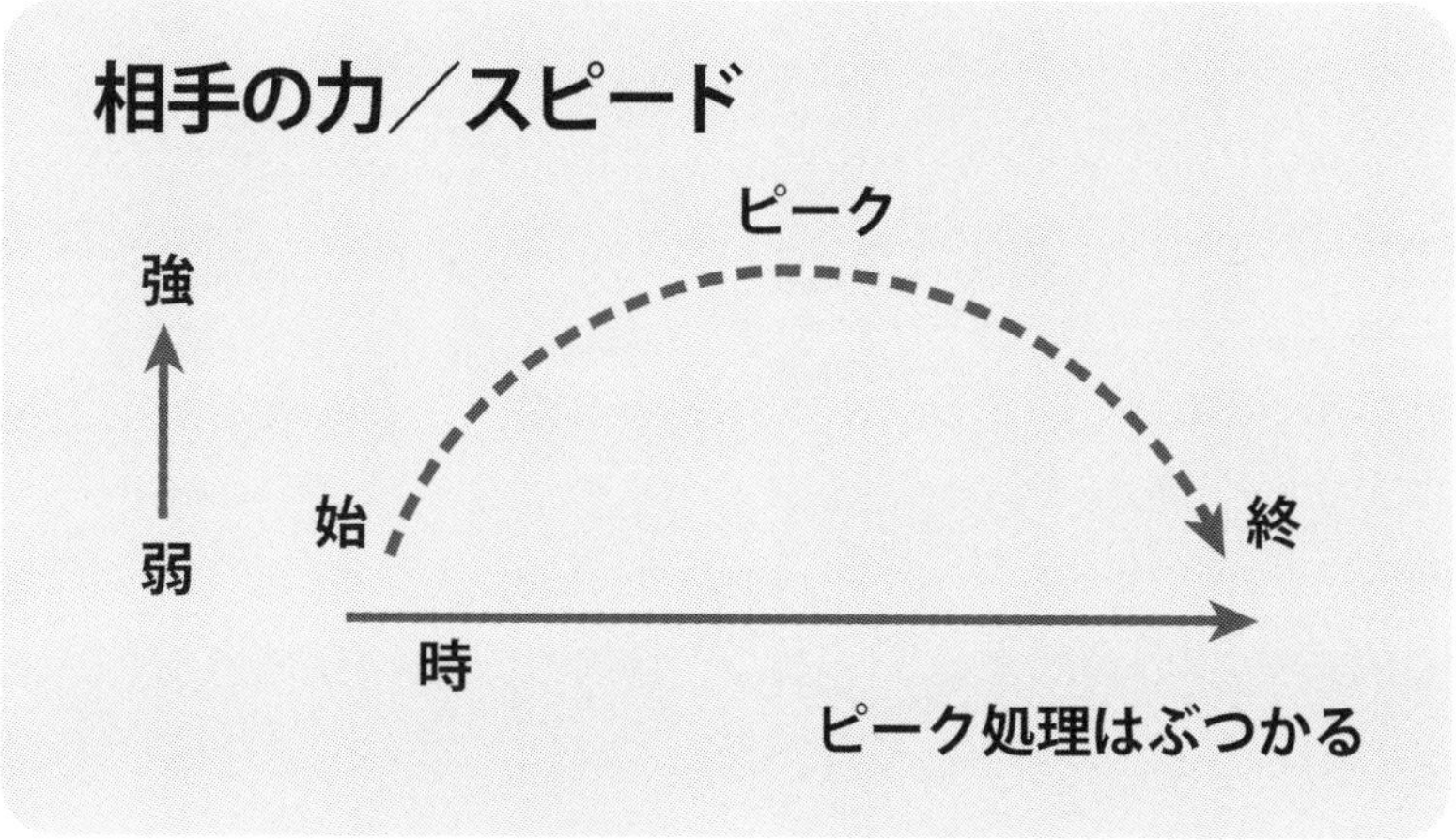


相手の動き始めや、動き終わりを捉える。

❸圧力の方向に同調して、後押ししたり、別の方向に転換する。
❹正面で競り合うと、ぶつかることを避けるのは困難である。止まらずに相手の動きの中に入るようにし、同化して相手を動かす。

# ブロックしない
## ― 誘導条件 ―

「向かってくる拳と同様に動けば、50%以上のパワーはなくなる。パンチと一緒に動くことが秘訣だ」
（ジェイク・ラモッタ）

どの武術でも、最も典型的な防御動作がブロックだ。ブロックするとは、相手の攻撃を止めることである。理に適っているようだが、ブロックはぶつかりを生じ

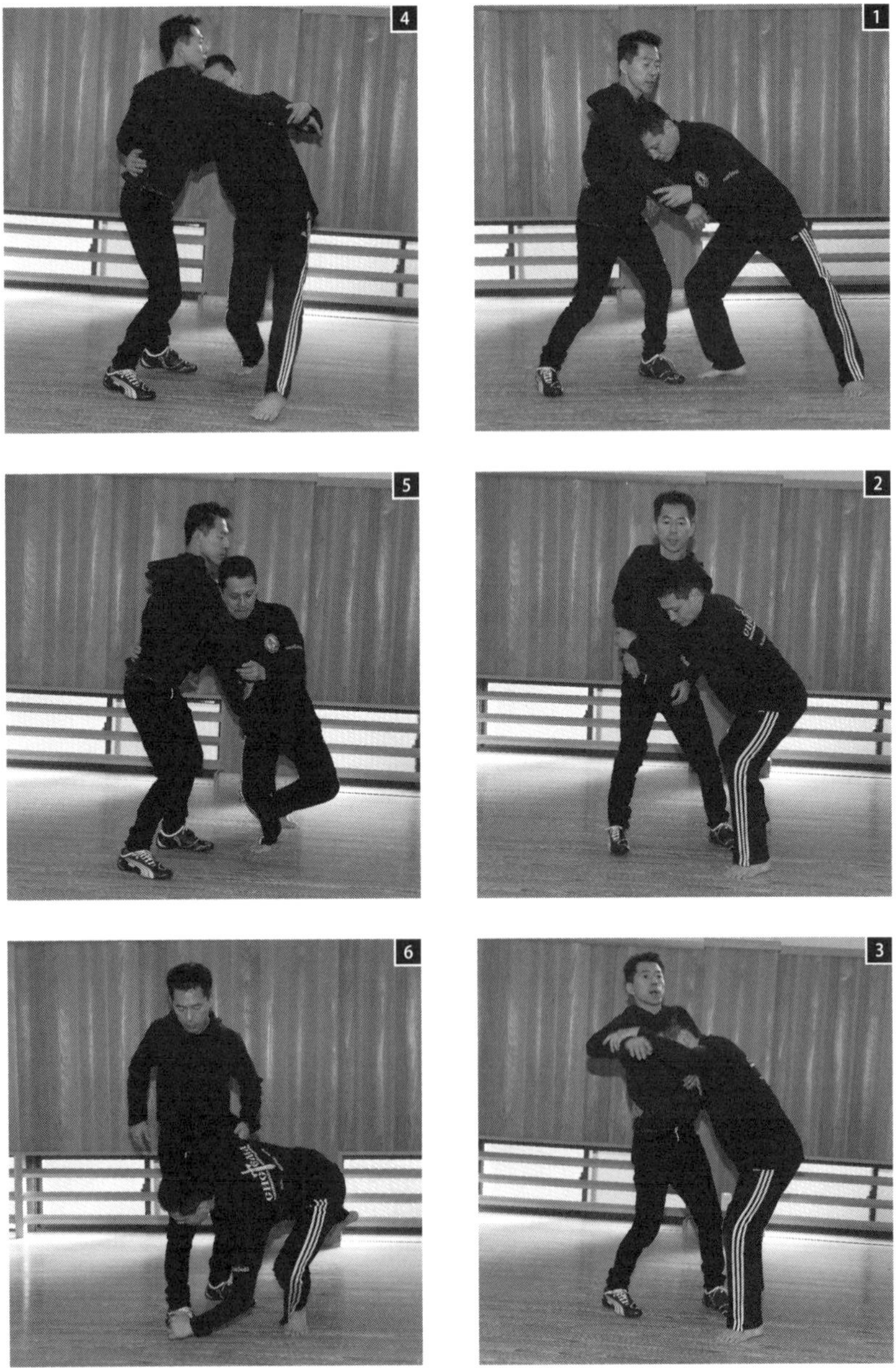


組み合いでは相手の動きの中に入り、同化して相手を動かす。

させ、抵抗そのものである。

## ブロックの落とし穴

**▼相手を止めるために、自分も止まる。居着く。**
**▼相手を止めてから制御すると、止まってから再起動するので二挙動になり、隙がある。**
**▼強く速い攻撃を止めるには、かなりのエネルギーを要する。そのブロックを外された時に、身体が泳ぐ。**
**▼ブロック自体を相手に容易に感じ取られ、カウンターを取られやすい。**
**▼不意打ちに会えば、ブロックは間に合わない。ブロックに頼れない時の対処を知らないと、問題である。**

ブロックをしないで受け取ってみよう。その受け方の質で、その後の事象が全て決まる。

郵便屋さんから荷物を受け取るように受ける。拒否すれば、そこで配達の流れが止まる。同様に、攻撃も素直に受ける。受けて自分のものにする。自分のものになれば、後は焼くなり、壊すなり、捨てるなり。返すこともできる。相手の攻撃を返すには、まず受け取ることだ。

相手の動きを阻止しないから、相手に思った通りの動作を許す。殴らせ、蹴らせ、掴ませる。ただそこにいないことだ。動いて外す。もし当たったら、その箇所を緩ませ、衝撃を最少限にする。掴まれたらそこを緩ませ、掴みどころを消す。

## 攻撃の受け方の実験

**❶受け側は、相手のパンチを腕でブロックする。**
**❷ブロックは相手に感じられ、動きも止まるので、攻撃側にカウンターを取られる。攻撃側も受け側も同等の状態。ナイフだったら、次の瞬間には切られる。**
**❸受け側は同じ攻撃をブロックせず、微妙な接触で受け流す。流された攻撃側は泳ぐのでカウンターできず、体勢を直さなければならない（練習の時、中途半端な逃げ腰で攻めると、この点は掴めない。しっ**

かり攻撃してかわされた時の実感を掴む)。

❹その延長で、相手の動きを拾い誘導する。相手は当てるつもりで殴ってくる。力と勢いがあるから、その標的が消えて空を切った瞬間、相手は弱体化する。

本気でかかってこない者は相手にしなくていい。その場を去ったり、丸く収めたほうが双方に好ましい。ぶつかれば戦いである。ぶつかりを避けるなら、戦うことを学ぶより、脱出することを学んだほうが賢い。路上での対処は、戦闘よりも脱出を基本にしないと、泥沼に足を突っ込むことになりかねない。

## 分離VS一体化
### ―相手に溶け込む―

「避けられないものは、抱擁してしまわなければならない」

(シェイクスピア)

武術は他人とのコミュニケーションだ。肌と肌でかわす人間関係である。二人が一体化しなければ性行為がスムーズに運ばないように、武術も自分勝手に動くとうまくいかない。ダンスのように相手と同調し、動作を一致させて初めて相手のコントロールに至るのである。

争いの中で相手を好きになれとは言わないが、好きになれるぐらい自由な気持ちを持てれば、同化しやすく相手をより楽に制御できる。

相手を敵と見なせば、意識的に自分と相手が異質なものとなり、間に壁を作る。そうすれば、相手も同様に反応するから、お互いに分離した状態を作る。相手を制しようと思ったら強いることになり、悪戦苦闘する。全力を注いで勝っても、次の相手に対応できない。

相手と分離したままでは、相手を楽に制御できない。万物は全てエネルギーのレベルで繋がっている。人間同士も同じだ。相手と同調し、繋がることが自然なありようである。分離して考えるのが、人のエゴが在する心である。

相手と自分を切り離すから、相手と戦わねばならない。相手と一体になれば、相手は自分自身と戦うことになる。

**分離観念**

**▼相手を拒む、嫌う、止める。**
**▼体を強固にし、バリアを作るような強張った守り。**
**▼常にぶつかり合い、力ずくの勝負になる。**
**▼お互いに反発感が消えず、低級な争いとなる。**
**▼身体も動きも角だらけで痛いし、気分が悪い。**
**▼勝っても負けても、自尊心を傷つけるか満たすだけ。喧嘩のような低いレベル。**

**同化観念**

**▼身体の角をなくし、リラックスする。**
**▼動きの角を削り、ぶつからないように相手に合わせて動く。**
**▼接触点を滑らかにし、相手と溶け込むようにする。**
**▼心を緩める。敵対心を消し、気持ちよく動く。**
**▼自己を消し、相手に悟られないように動く。**
**▼一体であれば、制せられた方もさほど嫌な気がしない。**

コーヒーに砂糖を入れる際、角砂糖は尖っているが、入れた途端に角が削れ、溶け込んでコーヒーと一体になるイメージ。

打たれて痛いと思えば、その思いと自分が分離した状態だ。その思いの中に入る。入れば痛みが和らぎ、

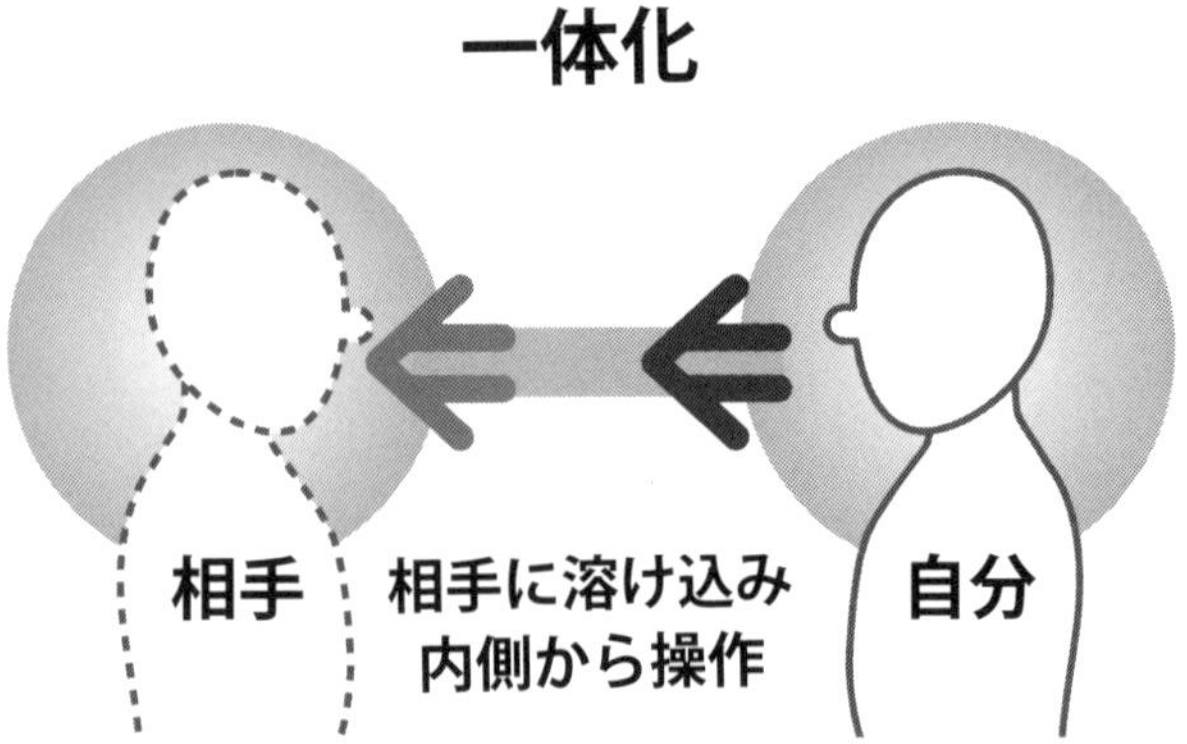


相手の中に溶け込めば、相手は戦う対象を失う。

消えさえする。恐れも同じ。怖さの中に入って溶け込む。問題の中に入れば、問題が問題でなくなる。

同化すれば、自分は相手になり、相手が自分になる。相手の中に入り、内側から操ることが可能になる。無駄なエネルギーを使う必要はない。相手の中に溶け込めば、戦う対象が消えるから、相手は自分の拠り所を失う。

自分をなくせば、相手と気を合わせることしかなく、自己の動作は自分がするものというより、相手の動きと交わった結果ということになる。

# テンション操作

「全力を出してはいけない。何割かの力で無理なく相手を制することができなくてはいけない」

（佐川幸義）

相手を身体的に操作することとは、相手のテンション（緊張）を操作することである。緩んで柔らかい箇所を操作するのは困難だ。うなぎが掴みづらいように、人の体も、緊張して固まった箇所がなければ制御しにくい。

緊張は、身体が解放を欲している状態である。それはバランスを支える筋肉に出るので、そこが緩むよう動かすことで、力を奪う。そうすると、相手は支えをなくして崩れる。解放を助長するように崩せば、気持ちいいように倒れたりする。そこを直接打つことでも、同様の効果が得られる。痛いから崩れるのとは違う。緩んで動くことで緊張を解消できるが、逃げ回るだけではダメだ。防御だけでは限界がある。相手は体勢を立て直す時に無理な動きが出たり、またこちらが反撃に出ると、どこかで緊張が現れる。それを利用して相手をコントロールする。だから自身のテンションを落とし、緩みながら相手のテンションを操作する。

しかし、相手を操作する時に、自分が完全に緩んでしまっていても力が出ない。そのテンションの使い分けが勝負になる。力と力のぶつかり合いではない操作である。

リラックスすれば、自分の手は相手の緊張した箇所へ自然に赴く。本能的に、相手の支え、サポートのあるところを求めるからだ。

緊張箇所が見当たらなければ、動きを合わせ緊張ができるように誘導する。打つ、蹴る、関節を取ることなども、相手を心地悪くすることで緊張を誘い、崩していく手段である。武術は芸術であるから、相手を物ではなく人間として処理したいものだ。テンションの制御を学ぶことで、それがより可能になる。

## 投げの路上崩し（背負いの例）

**❶投げられまいとすれば、その怖さが体を硬直させ、投げられる要素ができる。**

**❷相手はそのテンションを利用して投げる。ちなみにフニャフニャになると投げるのは困難だ。互いに競い合うから投げが成立する。**

**❸受けは防御の際、腕を固めたり、腰を下げて踏ん張ったり、身体が硬直するのを認識する。全ては相手の投げに対する反応であり、スピード、力、技術の勝負になる。**

**❹今度は、受けは投げられる際に脱力してみる。投げる方も体勢を作るため足腰などを固めるから、そのテンションをずらし、緩んで体を預ける。**

**❺通常、掴み、崩し、投げと三挙動になる。背負いでは相手を前に崩し、腕を抱え、腰を入れる。緩んでいれば、それぞれの状態でテンションを外し、カウンターできる動きがある。**

**❻腕を抱えられ引かれたら、抵抗せずそのまま伸ばし、円状に相手の方向に力を戻すと、相手は自らの引き手で崩れる。**

**❼また、相手の腰が密着する寸前に相手の腰をずらすと、相手は自らバランスを崩す。**

**❽相手の崩しに対して抵抗するのではなく、相手のテンションを操作する。**

自転車のハンドルは固定されているから運転できる。ハンドルがフニャフニャだったら、自転車を動かすことはできない。同様に、掴まれた肩を固定していれば相手に操られる。その肩が緩んでいたら、掴んだ方が振り回されることになる。

これらは、柔道やレスリングでは見られない。投げ合う勝負であるから、双方のテンションが高くなる。完全に緩んで防御すると、反則にさえなるし勝負にならない。しかし、勝負に囚われなければ、相手と格闘する必要はないのである。

投げに対し、相手のテンション（腰）を自分の中心からずらせば、相手はバランスを失う。

# 第5章

# 動作のパワー

# 生命の証

## ―生は動、死は止―

「何かを生み出す行動でなければ、行動とは言えない」

（ジュリアス・シーザー）

自転車の二人乗りをする際に、止まった状態から漕ぎ出すと、かなりのエネルギーがいる。だから、後ろに乗る人が、すでに動いている自転車に飛び乗った方が楽である。

また、止まった状態から飛び乗ろうとすると、動きがぎこちなくなり、ぶつかりが生じる。スムーズに乗るには、後ろに乗る人が自転車と同スピードで動き出し、タイミング良く乗っかるのである。乗る負担を双方にとって最小限にする。そうしてぶつかりを消す。

動いているものを止めるには、エネルギーを消費する。相手を止めるのも、自分を止めるのも同じことだ。さらに、止まれば再起動しなければならない。パソコンを再起動すると時間と負担がかかるのと同様に、止める動作に時間とエネルギーが費やされるだけでなく、再度動くのに余計な時間とエネルギーを消費する。さらに、止まった時と再起動時に最も隙ができる。

攻撃側からしてみれば、止まった標的を打ったり、押さえたりすることは楽である。しかし、動く標的は当てづらい、掴みづらい、押さえづらい。止まった瞬間に攻撃の餌食になる。

だからといって、無闇に暴れたり逃げ回るのではなく、相手に合わせる動きを繋げていき、その延長で主導権を取る。自分勝手に動いてもダメだ。

動きは勢いを作る。手足をバタバタさせても大した力にはならないが、動き続ければそこには継続したエネルギーがある。足を運ぶことで、常に位置エネルギーと運動エネルギーの変換ができる。このエネルギーを使えば、筋力がなくても相当の力が出せるのだ。止まって相手を動かそうとしても力が出ない。相手を動かすのでなく、横着せず自らが動けばいい。その勢いを繋げて相手を動かした方が、楽で効果的だ。

世界がグローバル化する中、日本も変化していく。海に囲まれ孤立した島国である日本は、移民も入れないが、訪れる外国人は年々増え、犯罪も増えている。戦後からは戦争を放棄し、軍隊を持たないが、変化の兆しがある。銃のない社会もいつまで続くであろうか？　世界で起こるテロ事件に、日本は関係ないといつまで言えるだろうか？

日本の街は人口が密集している。テロリストにとっては、どこを向いてもターゲットだらけである。止まれば狙われる。個人的に狙われない限り、動いている者を追いかけることはない。だから、テロでも、津波、地震、火事でも、動くことが重要である。

殺人や強姦などの暴力でも、身を守るなら止まらないことが基本である。止まれば、「はいどうぞ」だ。

とはいえ、ただがむしゃらに動くのも逆効果だ。特に、電車の中やコンサート会場、大きな交差点のような人混みでパニック状態が起これば、周りの人たちに合わせて動かないと殺到状態が起き、将棋倒しになったり、不要な怪我人が出る。そんな状況では「押さないでください」という放送が必ず入る。全くその通りだ。

だから、動作の本質、可動性、自由性、正確さなどを研究し、トレーニングすることが極めて重要である。

戦後70年も経ち、戦争体験者の数が年々減っていき、戦争の悲惨さが忘れられる中で、またいつ愚かな日本人が現れて、戦争を始めるかわからない。歴史は繰り返される。平和だからノンビリ生きろということではないだろう。どんな情勢でも、自己の在り方と可能性を追求して生きる。それを教えてくれるのがシステマだ。

## 雑踏エクササイズ

**❶ピーク時の渋谷のスクランブル交差点など、大雑踏を止まらずに歩き抜ける。**

**❷胴体を緩め、横にし、細くすることで周りを避ける。**

**❸足運びは躊躇せず、空間を探し、止まることなく進む。**

**❹呼吸を忘れず、平穏な気持ちを保ち、空間が開けるという確信を持って進む。**

**❺もしぶつかったら、身体を緩め、当たりを最小限にしながら止まらず進む。**

**❻もし肩で突き飛ばされても、カッとなればシステマから遠ざかる。突き飛ばされても緩んで相手の背後に身体をズラし、相手をそっと倒せればシステマだ。相手を追いかけて倒せば喧嘩、瞬時に倒せば武術だ。**

※くれぐれもトラブルにならないように、自己責任で行うこと。

# 途切れない動作

「躓いたら、ダンスの一部にしてしまえ」(出典不明)

学校の先生に動くなと言われ、「気をつけ」の姿勢をしたことがあるだろうか？　息を殺し、直立不動でどれくらい立っていられるか？　心身が固まり、肩がすぐに凝るだろう。直立はいいが、不動は無理である。その場で立ってみよう。整姿体で呼吸を自然に行い、自分の身体を観察してみる。微妙に身体が動いているのがわかるだろう。

人間の体は動くようにできている。生きている限り常に動き、止まることは自然に反する。呼吸の出入りがあり、内臓、筋肉、神経系統など体内は常に働き、立っても座っても、どんな状態でもバランスを保つために、人は僅かにでも動いている。止まろうとすると身体が力み、リラックスできない。

前に傾く動きを利用して進む。

左右に傾く動きを利用する。

立てば必ず、身体は前後左右に傾く。それを常に戻しながらバランスを取るのが人間だ。動く際に、その微妙な動きを利用すれば、自然で無理なく動ける。しかし、傾きに反するように動くと固くなり、途切れた動きになるのである。作為や意図のある動きも自然でなく、角が立ち、余計なエネルギーを消費する。

物事も常に動き、変化している。攻撃してくる相手も、向かってくる危険も、瞬間ごとに変わる。その変化についていくには一緒に動くしかない。

動作の起こりが明らかだと、相手に情報として伝わり、読まれやすく返されやすい。起動を消すには、止まらずに動き続けることだ。どんな状況でも何かをして、動いているわけである。その動きを繋げる。そこで凍りつくと自然な動作が邪魔され、その度に再起動しなければならなくなる。

格闘技や喧嘩のように、戦うことが目的でなければ、常に動いて脱出することが先決であり、打つなら動きながら打つ。サブミッション（関節極め）は競技コンセプトであり、路上ではないと考えた方がいい。極め技は動きを止める。その間に他の者にやられてはしょうがない。

従って、関節を極めるために固まらず、動きながら関節を取ったり、折ったり、あくまでも相手を制し、状況を転換する過程にすぎない。

## 動きの継続ポイント

### ▼小さな動き

僅かな振動でもいいから繋げる。大きな動きは変化しづらい。

### ▼止まらない

ハエやゴキブリを捕らえるのは困難である。常に動くからだ。止まった時に比較的楽に捕まえられる。人も同じである。止まれば捕まる。

### ▼起動を消す

僅かでも動いていれば、そこに勢いと力が既に存在する。

**▼緩む**

緩まないと継続しづらい。どこかで引っかかり、動きが止まる。

**▼急に動かない**

突然の動きは角が立ち、相手に感じられる。

**▼角や尖りのある動きを避ける**

角は止められやすい。滑らかに動く。

**▼ぶつからない**

ぶつかりを避ける方向へ動く。

**▼バランスを取らない**

左右50対50のバランスの取れた体勢は、居着きを促す。バランスは動きながら取る。

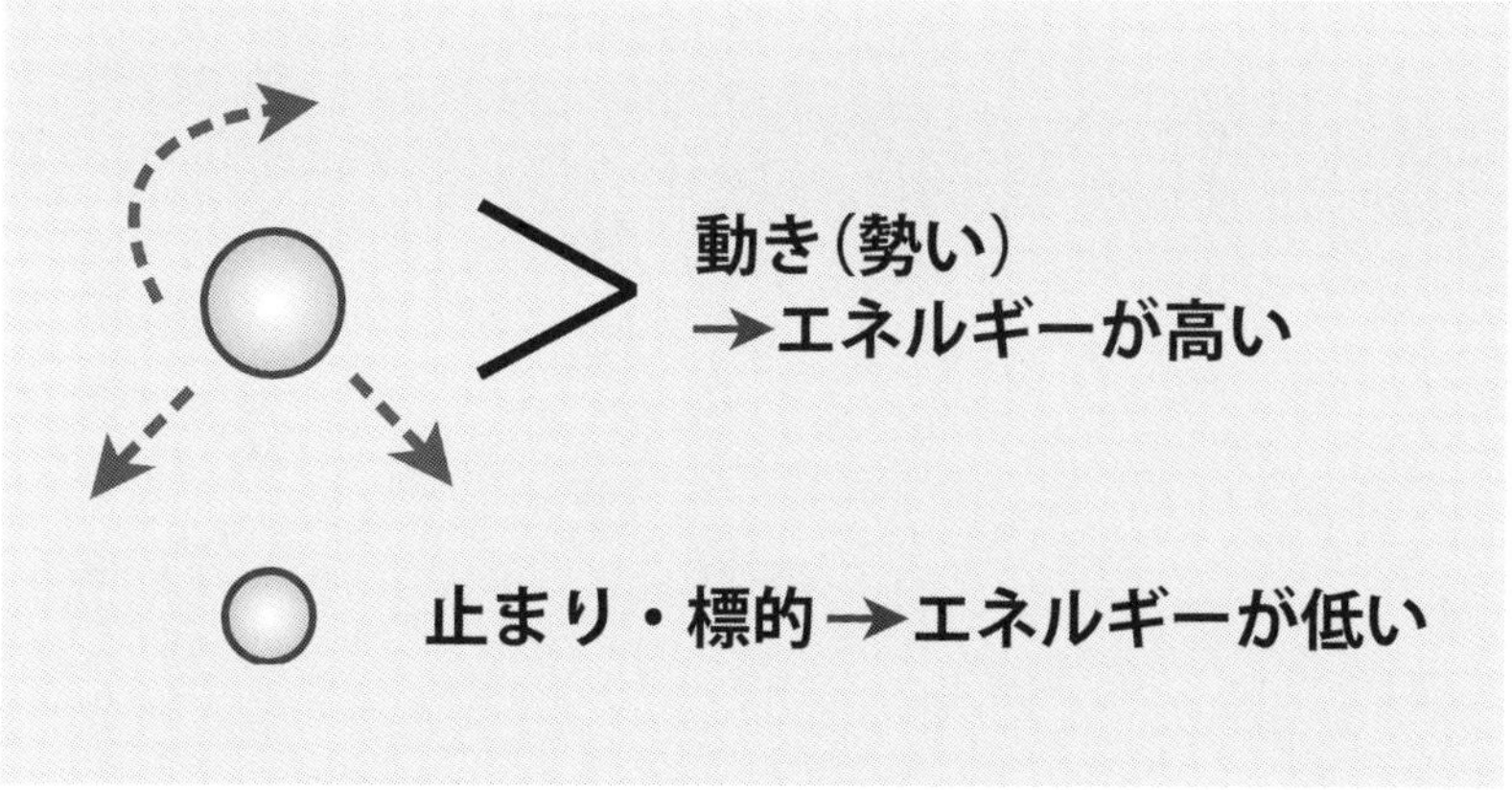


動きを繋げていくことで、動作の起こりがなくなる。

我々は、バランスを失うと不安になる。だから安定を図ろうとするが、安定自体が動きを止め、踏ん張りが生じる。バランスは動きながら取るものだ。止まってバランスを取るのではない。取ったバランスはその瞬間に崩れると考える。だからバランスを取るために動くのだ。

　バランスを取っては崩れ、取っては崩れを繰り返していくことで、動きの中での安定が見つかる。

### グラウンド状態でのナイフ攻撃

**❶ナイフで突く、切るなどの攻撃をブロックせずに、身体を動かしてかわす。心地良いペースとスピードから始める。**
**❷攻撃線を見極め、相手から離れずに攻撃を避ける。**
**❸グラウンドでの様々な動作が楽にできることが鍵だ（「転倒と自倒」の項、参照）。**
**❹手足だけ動かしても捕まるか、力ずくで止めようとすることになる。腰を動かし空間移動しながら、ぶつからずにかわし続ける。**
**❺身体を緩ませ、攻撃を待たず、相手に合わせて動く。**
**❻慣れれば、立ち上がったり、回転動作を加えたり、動きの幅を広げる。身体動作を充分に学んでから手足を使う。**

## 子供に戻る
### ― 自己の原点回帰 ―

「武芸の道に真経なし、変化するが尽きることはない。赤子の戯れから悟れば、天下の打法の真形を知ることができる」

（戴隆邦）

　子供の頃の自分を思い出してみよう。野原を駆け巡り、転んでは起き上がり、自由に気の向くままに動き回っていた自分である。遠すぎる過去であろうか？

それなら自分の子供や、近所の子を観察すると良い。

小さい子供は自然だ。脳が発達してないから、ありのままの世界を感じ、全てのことを素直に受け入れる。この時期に悪いインプットがあると、人生が狂ったり、不必要な荷を背負って生きることになる。

脳が発達し、自分の存在がわかると自我が発生する。自然であった子供が、段々不自然になる。大人になることは、自然さを忘れることでもある。生存、欲望、知識、自尊心、競争、社会、異性など、様々な要素に影響され、不自然な自分を形成していく。


子供は、倒れても大人のように怪我をしない。何度倒れても平気で起き上がる。年を取るから身体が鈍って怪我をするのではなく、子供のように伸び伸びと体を動かして自由な気持ちでいなくなるからである。

## 子供に戻るエクササイズ

**▼小さい子供の頃に戻った感覚で動いてみる。走る、跳ぶ、転がる、しゃがむなど、健康な子供はフルに身体を動かし、はしゃぎ回る。そんな自然な姿に戻ることが大切である。**

**▼子供と一緒に遊んで真似し、表現を含めて同じように動いてみる。馬鹿らしいと思ってやっても効果はないので、子供になりきることが重要だ。**

**▼自意識を無くして上記のエクササイズに身を投じた時、どんなことを感じるか観察する。囚われているか？ 自由か？ 狭いか？ 広いか？ 楽しいか？ 苦しいか？**

**▼正しく行えば、答えは明白である。そんな自由性や、大きな意識で攻撃を受ける。打撃でも武器でもいい。同じ気持ちで動いてみる。**

**▼大人に戻らずに子供のままで動き、はしゃぐように、気持ちよくかわす自分を見つける。打たれても刺されてもいい。**

**▼グラウンドで転がって相手の攻撃を受けてみる。リラックスし、遊びながら逃げてみる。**

**▼以上の中で、頭で考え出した動作ではなく、無邪気**

**で自然な動作を発見する。**

ストレスや緊張をあまり経験してない子供は、緩んで柔らかく動く。いわば、成長していない純粋な身体と動きである。原点に戻り、そこに大人になってからの知識を足すのだ。

子供に戻ること、自然に帰ることは、人生で背負う荷を下ろし、本来の自分、パワーの源に帰還することである。そこを常に再訪してトレーニングすることが大切である。

## 忍びの動き

### ―ロシア武術＝現代の忍法？―

「戦うべき時と、戦うべきでない時を知る者が勝つ」（孫子）

忍者は、正体不明で情報を与えない。顔相、居場所、人間関係、動作など、あらゆる面で情報がない。気づかれないうちに巻物を盗み、暗殺する。跡形も残さず仕事をする。戦うことを目的とせず、仕事の遂行に徹するプロフェッショナルだ。そこに自己本位な心もなければ、感情移入もない。

それと対照的に、相手と正面からぶつかり合うのが格闘技である。逃げも隠れもせず、体格や戦い方など、相手の情報は充分にある。路上で争いに巻き込まれたら、どちらの動きを選ぶか？ システマは、格闘になっても格闘にならないような動きを追求する。

戦闘で最も効果的な動きは、相手にわからないような、予想を裏切る動きだ。攻撃するなら、奇襲や不意打ちが最も効果がある。どんな達人でも母親の突きはかわせないと、ある先生に聞いた記憶があるが、用意がなければ誰でも反応は難しい。

しかし、不意打ちも戦略であれば、用意があり兆しがある。相手の隙を狙ったり裏をかくように動けば、その思いから緊張が現れ、相手に悟られる。

であるから、そんな思いを消し、相手と同調することで読まれない動きを作る。相手を騙すことを目的とせず、相手を安心させるように動けば、自然に不意打ちの状態ができる。

相手の情報を受け取って、自分の情報を与えない。どれだけ有利にことが運ぶだろうか？　前述の「抵抗しない」「ぶつからない」「何もしない」「一体化する」なども全て、相手に情報を与えないことに結する。

## システマ流忍びの作法

### ▼音を立てない

音を立てないで歩き、転がり、起き上がり、跳び、着地する。どんな動作でも静かに行う。相手の手を取るにしても、攻撃をかわすにしても、静かにこなせるようにする。

### ▼寄りかからない

相手を無理に動かそうとすると、姿勢が崩れたり、相手に寄りかかる。それは違和感、不快感として相手に情報が伝わり、返されたり、かわされたりする。

### ▼押しのけない

相手を離そうとする動作は、一方向でわかりやすい情報だ。簡単に返されたり、カウンターされる。

### ▼掴まない

普通に握ると固まり、逆に返される。掴むなら、相手の身体を制すように掴む工夫がいる（「接触の技術」の項、参照）。

**▼抵抗を最小限にする**

相手に自分の情報を漏らさない（「抵抗」の項、参照）。

**▼やさしく動く**

小さく動き、緩んで相手に溶け込む。

**▼動きの気配を無くす**

感情を浄化し、意図を消す。起動がわからないように動く。

**▼相手を興奮させない**

興奮した相手を制するのは、より困難だ。

**▼不動心**

感情が揺れれば、それは振動となって相手に伝わる。

忍者着で身を隠し、手裏剣や鎖鎌を操って走り回るのが忍術ではないだろう。そんなコマーシャル的な形式や見映えに惑わされず、内面の本質に忍びが見出されるものである。現代のスパイがそうである。敵地に潜入し、わからないように溶け込んで情報を得たり、破壊工作をする。それを接触時に行うのが、システマ武術である。

# フットワーク

## ― 無駄なステップはない！ ―

「自然ではない行いは、自然ではない混乱を生む」

（シェイクスピア）

自分が普段歩いてる姿を観察してみよう。頭のてっぺんから、つま先まで、各箇所への意識を持って歩く。

体の歪みから、心の持ちようまで、全てが現れる。どこに不要な動きがあり、余計なテンションがあるか？
呼吸と一体となり、整姿体を崩さずに歩いているか？（「身体構造と整姿体」の項、参照）。

システマの歩法は、戦わない自然歩行が基本である。足腰が上半身を真下から自然に支えながら、空間移動する。上半身は楽に足腰に乗り、浮いた状態でブレない。傾くと、下半身に負担がかかる。しっかりした土台を下半身で作り、なおかつ緩んで浮動する。上体に自由を与える下半身でもある。

移動の動作が、攻防の邪魔になれば問題だ。自由に脱出するのも攻撃するのも、足運びと連動一致して、はじめて力を発揮する。攻撃、防御、身体の保ち方などに作為があれば、自然でない歩行を生む。腕の動きや、力の放出を促進させるステップでなければならない。

ダンスで言えば、ワルツのような感じだろうか。膝をあまり上げず、スライドさせるように滑らかに歩めば、上半身の動きを妨害せず、相手にも読まれない。

切り返すようなステップは角が立ち、硬直する。

格闘技に見られるシャッフルやバウンスなども見られない。足がすでに戦っていて、自然さや自由性がない。特殊なステップは相手に情報を与え、動きが読まれる。自然に滑らかに動くことが一番わかりにくいのだ。

ステップは、全て重心移動である。中途半端なステップは体重が乗らず、弱い。蹴りや、相手の身体に踏み込む時も、中途半端だと逆に跳ね返され、相手を崩せない。

また、両足に体重が乗るとどっちつかずになり、居着いたり、踏ん張ったり、動きが滞る。身体を開くような方向でステップを取り続けると、相手に捕まりにくい。

戦いの中では、一歩一歩に意味がある。フラフラ歩いていては、身を守れない。無駄なステップは取らないようにする。一歩はその前の一歩を引き継ぎ、その後の一歩に結びつけなければ、繋がりのない、意味がないステップだ。全ての動きに意味を持ち、それらは繋がって威力を発揮する。

無駄なステップは、相手に何の影響も与えず、相手と自分との関係が変わらないものである。自分の体勢やバランスを整えるために踏んだり、どこに動いていいかわからず迷ったり、何気なしに踏むようなステップに見られる。スタター・ステップ（モジモジとはっきりせず、詰まったようなステップ）やワンダリング・ステップ（足が勝手にさまようようなステップ）が典型であるが、どちらもあってはならない動きだ。

多人数が相手であれば、中途半端なステップや無駄なステップは命取りになる。すぐ捕まってしまう。四方八方へ自在に動けなければ、対処は難しい。足が交差するクロス・ステップもなるべく避けたいが、複数相手では止むを得ない。クロスしたら止まらずに必ず開いて、交差を解くことが重要。

攻撃をかわすのも攻撃するのも、一つ一つの動作にステップが乗る。だから力があるのだ。

## 振り子ステップ

身体はバランスを取るために、四方八方に常に傾いている。その傾きを重心移動に利用してステップを取ることで、楽で自然なものとなる。傾く動きに反すると、ぎくしゃくした動きになり、ぶつかりが生じる。

**❶直立し、目を閉じ、身体を緩める。**
**❷身体の微妙な傾きを感じ、反発せずに誇張して大きくしていく。**
**❸さらに誇張していくと身体が揺れ、振り子のように動く（動かないのは感覚が鈍いか、反発が強い）。**
**❹その動きにステップを加え、行く方向を考えずに歩き続ける。**
**❺ステップの歩幅を均等にして速度を一定にすると、自然とバランスが取れる。**

振り子のステップをゆっくり行って誇張すると、一

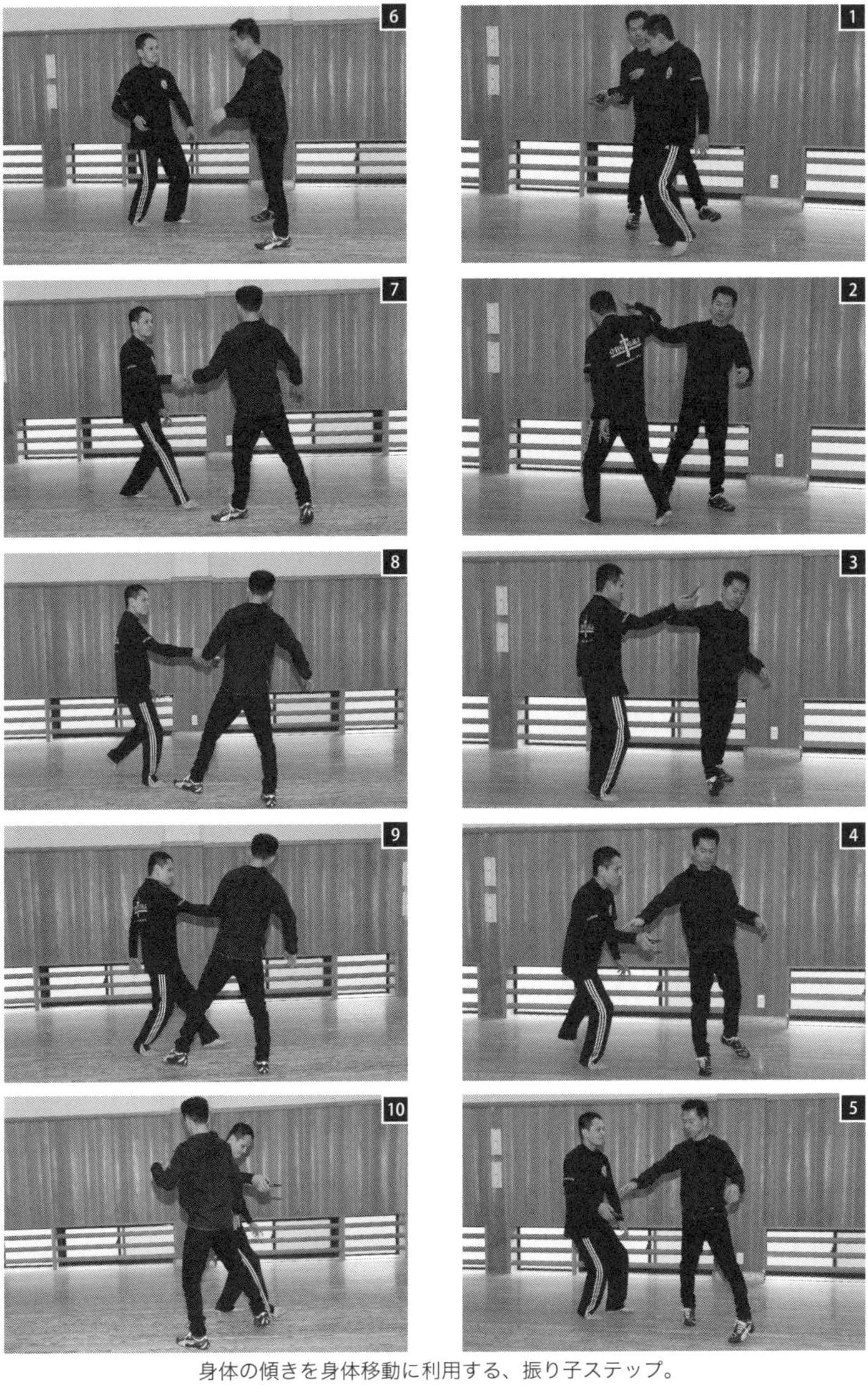


身体の傾きを身体移動に利用する、振り子ステップ。

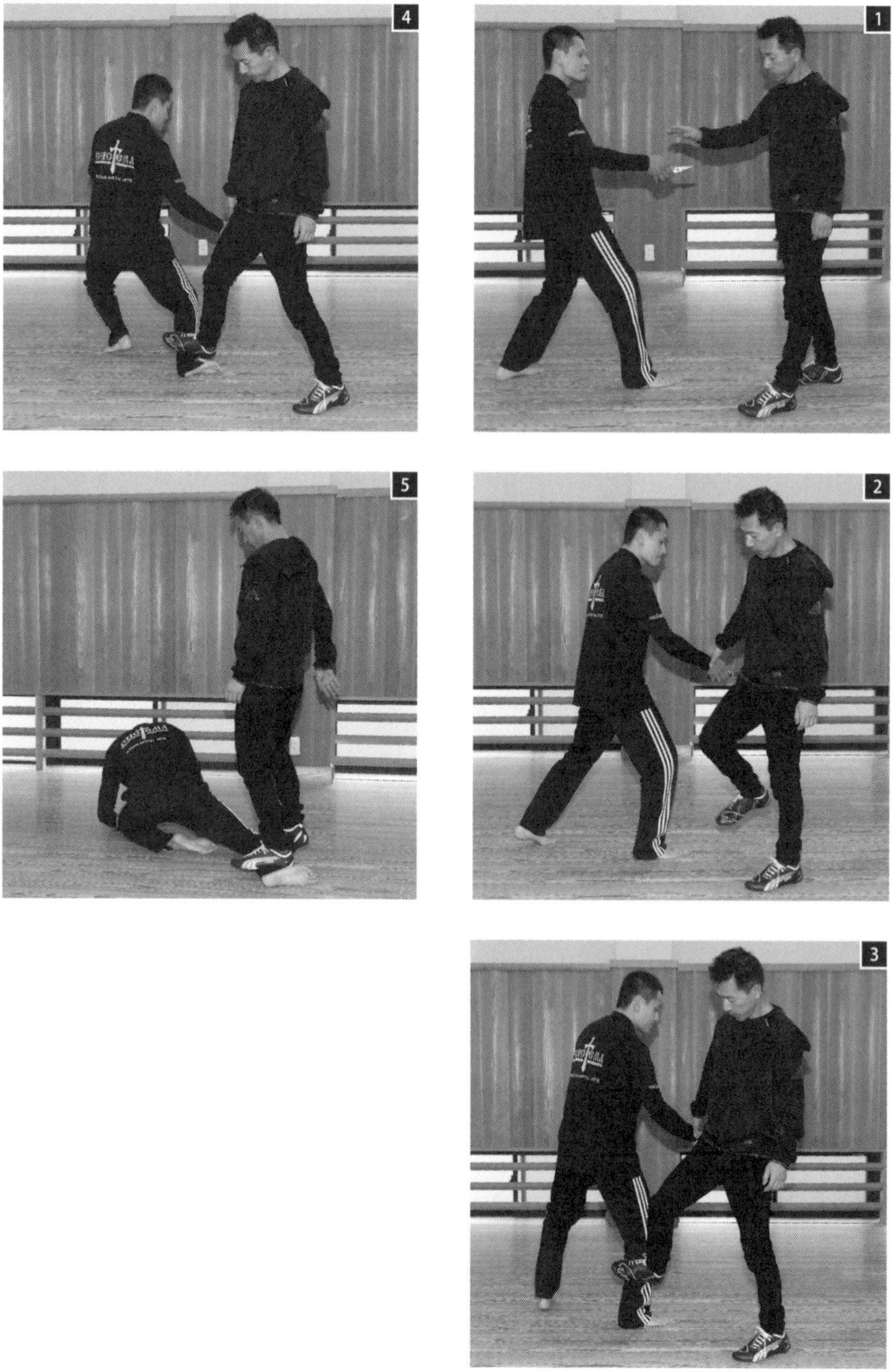


ステップによる重心移動を使った、足首への踏みつけ。

本足でバランスを取る時間が長くなる。歩くということは、一本足でバランスを保つことに他ならない。それを交互に行うだけである。そこでバランス感覚を養う。応用に使う前に、充分振り子の原理を体で感じ、歩みに表すことをやってもらいたい。

次に、この歩法で相手の攻撃をかわす。その際は通常のステップに戻らず、振り子ステップを使い続ける。相手の攻撃を待たずに、振り子ステップを始める。そのステップを継続する中で、かわす動きを発見していくのだ。より自然なステップの仕方が見出されるはずだ。

クロスステップは避けたい。

# 三次元の動き
## ─達人の動作は立体的だ！─

「意識的に体を動かして勝てるのは、実力にかなり差がある場合だけで、強い相手に勝つ時は、知らないうちに自然に体が動いて相手を倒すのであり、そういう「動き」を自分の中に作っていくために修練を積むのだ」 (三船久蔵)

ボクシングでは、フックがストレートよりもKO率が高いと言われる。その理由の一つには、見えない角度でくることが多いことと、より複雑な動きであることが挙げられる。

直線の突きは見切りやすいが、曲がるフック系のパンチは捉えにくい。直線は一次元の動きであるが、フックのように円を描くことで二次元的になり、より難解になる。次元が増えれば、対応しなければならない面が増えるからだ。

我々が存在する世界は三次元であるが、人が体験する多くの事象は二次元的である。地球は丸いが、人が感じる地面は平面である。人に何か物を渡す時、まっすぐ手を出すだろう。写真も映画も平面である。

だが、３Ｄの世界は意識を混乱させる。車も平面を走るから操作しやすい。これがジェット機のようにくねったり回旋すると、意識的な対応のキャパがいっぱいいっぱいになり、処理が困難になる。


わかりやすい次元の動きで我々は普段生活し、行動する。それ以上、複雑な動きは必要ないからだ。武術に出る動きも、自然にそうなる。

動きが止まった状態は点になることであり、的となるから、簡単に攻撃される、一番低い次元だ。そんな状態では固まるだけである。

二次元的な動きでは、単純な攻撃は受けられるし、避けられる。お互いに感じやすく読みやすいから、ぶつかり合い、力ずくの勝負になる。


三次元的な動きにすると、ぶつかりをなくし、相手の威力を吸収できる。刃物を避けるのも、立体的な動きが最良である。

## ０次元から三次元の動きへ

### ▼点（０次元）
止まった身体（的）、相手を止める動き、どちらも居着いて攻撃をもろに受ける（居着き　～被害者）。

### ▼線（一次元）
パンチや突きなどの直線攻撃と防御、ぶつかったり、下がったり、変化のない攻防（ぶつかり合いと分離～ガチンコ勝負）。

### ▼平面（二次元）
身体の左右、上下、斜めへの平面移動。変化があるが、まだ対応できる（平面変化　～変化・技術勝負）。

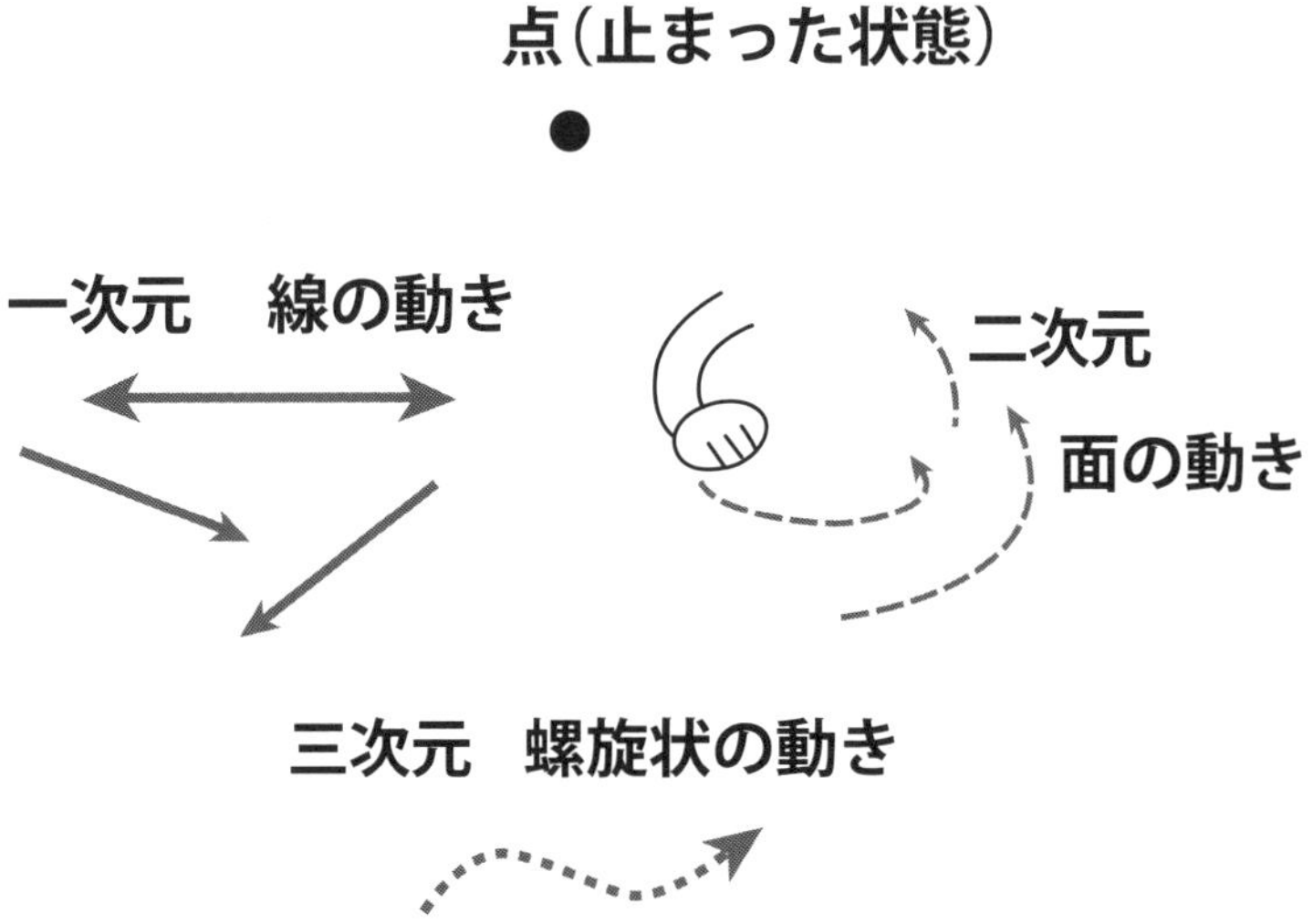


高次元の動きほど効果的である。

### ▼立体（三次元）

円状、螺旋状の動き。三方向が混ざった動きは、感じにくく読みにくい（一体感・錯覚　〜無為操作）。

三次元の動きは立体的で、螺旋状の動きになる。上下、左右、前後を同時に行う動きと考えればいい。二方向ならまだ対処しやすいが、三方向になると難しい。それらの方向に強弱を付けて微妙にすると、見極めるのも抵抗するのもさらに至難になる。

## 次元の動き（ストレートの打撃考察）

**❶ブロックしたり掴みにいくと、自分の足が止まり、点になるから連打を受ける。**

**❷後ろに下がると、攻撃の線上であり、追い詰められる。追いかける方も同じだ。❶と❷では相手に変化をもたらさないため、低い次元での争いとある。**

**❸相手の攻撃線に対して横に動けば、相手は方向を調整しなければならない。しかし、横に変化するだけ**

**では、移動と攻撃の二挙動になり、相手にはわかる。**

**❹斜めに出ながら、同時に上下に動き、一つの動きで相手の攻撃をかわしながら打つ。螺旋系の動きで相手は対抗しづらい。攻防一体が得られるのは、三次元の動きを要する。**

蹴りやパンチも身体の面にまっすぐ当てるのではなく、螺旋状に捻りを加えると、威力もコントロールも増し、相手の構造を崩しやすい。

## 組み合いの例

**▼止まって点になれば、楽に押さえられる。**

**▼押し合い、引き合いは一次元、両手で掴む、押さえるなどは二次元的である。どちらもわかる動きなので、離れてはぶつかるというような硬い攻防になる。**

**▼手足や身体の逃がし方を三次元的にすると、捕まりにくい。**

**▼攻める時も、手足や胴体を螺旋状に動かしながら進むと、相手が対処しにくい動きとなり、ぶつからずに入れる。**

**▼極め技も、一方向の力だと抵抗できるが、多方向に力を入れるように極められると、返す方向がわからない。**

さらに時間（タイミング）の要素が加わって四次元、意識が入って五次元など、より高度な世界の動きとなる。

数字や分類は重要ではないが、このように区別して考えると、自分がどの次元で動いているかがうかがえる。二次元以下はぶつかる世界であり、作業が困難だ。武術ならば、三次元以上の動きを目指したい。

# 第6章

# 感情制御

# 感情に囚われるな！

## ―究極の護身法則―

「怒り、恐れ、攻撃性は暗黒の力だ。それらは容易に流れ、素早く戦いに臨む。一歩闇の道を進み出せば、お前の運命は永遠に征服される」

（映画『スター・ウォーズ　帝国の逆襲』より）

不意にど突かれたり、何か嫌なことを言われたりして、ムカッとすることは誰にでもある。人に攻撃されると、本能的に防御反応（抵抗）が働き、動揺するのが普通だ。

しかし、その感情に振り回されると、動作に悪影響する。不快になって当然の状態であるにもかかわらず、その不快感自体が、その人自身のパフォーマンスの邪魔をする。

心が乱れていては何事もうまくいかないのは常識である。マイナスな感情や思いの虜になり、それが身体を収縮させ、硬い動作を生む。

そんな内面を無視して、技だけ磨いても意味がない。ポンコツ車で速く走ろうとするようなものだ。修理、整備をしないと走れないのと同様に、心の整備をしないと上手く体の運用ができない。

逆に、気分が良ければ、脳にドーパミンなどの神経伝達物質が分泌され、運動機能を高める。体は緩み、振動エネルギーは高い。ほほ笑むだけでも心身の機能が高まり、パワーが宿る。

であれば、快感の状態で何事にも接することが、身体性能を上げる条件となる。他人との対立や争いにおいても、それは同じだ。

湧き上がる感情に左右されるのが自分の正体だと思うのは、錯覚である。どんな状況や環境下にあっても、自分の思いや感情は選択できる。悲しい時や怒っている時でも、気持ちを即座に変え、笑うことさえ誰にでもできる。別のことを考えればいい。言うは易しではあるが、そこをトレーニングするのだ。相手に殴られて感情的になる必要はない。

感情は内面に起こる振動であり、測ることさえできる。それは全て自分の周りに放送される。弱い自分を流すか、強い自分を伝えるかは個人の選択だ。弱ければテンションを帯びた自分である。高い振動を持てば、緩んで、重く広がる力が導かれる。真の強さを追求する上で、感情を常にきれいにする作業は欠かせない（「己の心を知る」の項、参照）。

**否定感情は囚われの感情**

▼テンションを帯び、硬い身体。
▼動作の膠着。
▼想像力の欠如。
▼自意識過剰、反発的。
▼選択肢が限られる。
▼プライドが高く、攻撃的。

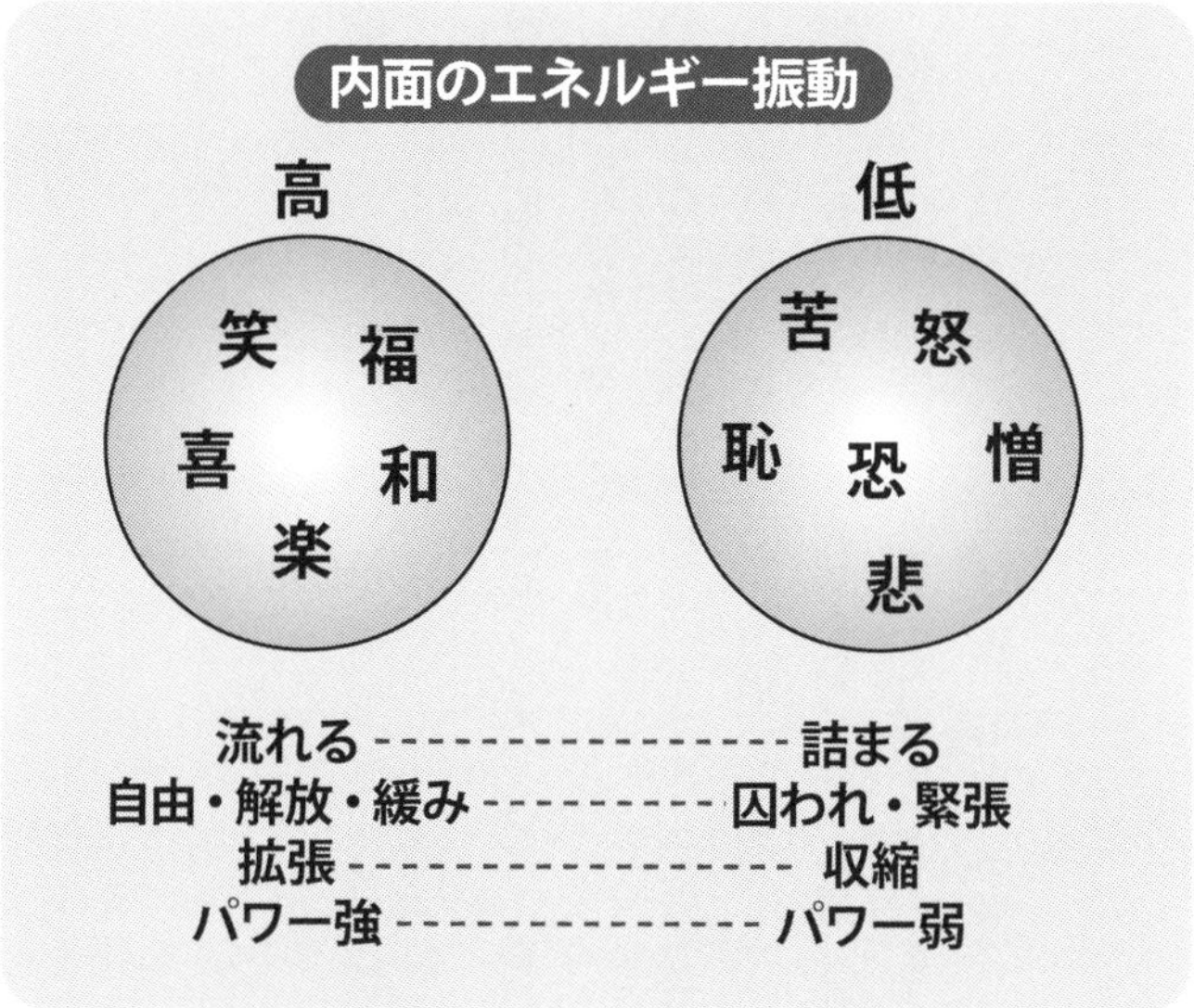


肯定的な感情によって、自由度も強いパワーも生まれる。

## 肯定感情は解放の感情

▼身体の弛緩と自由性。
▼身体が開き、豊かな動作。
▼滞らず、流れる。
▼発展的、創造的。
▼協調性をもって制御しやすい。

否定感情は、自分で自分を弱くしているというサインである。だから囚われずに解放しなさいということだ。そこに相手は直接関係ない。相手の態度や行為にかかわらず、自らの感情をコントロールすることで、本来の力を発揮する基盤を保つ。自分の感情すら制御できないのに、まして他人を操ることなどできるわけがない。

否定感情をどのように肯定感情に転換するかが課題だ。それは、相手をねじ伏せて勝つことで得られるものとは違う。外部の結果による自己満足は、周りに左右される弱い自分でもある。

逆に、内面から肯定性を築き、外面に表現されるものが本来の強さであり、それを探求するのがトレーニングである。

## 転換作業

❶相手と対峙し、殴られ、操られると、ある感情が湧き上がる。
❷それに囚われずに、「深呼吸→リラックス→整姿体」で感情を自然で肯定的に戻す。
❸身体を緩ませ、動き続ける。心地よい内面と体勢を探し続ける（「緊張と緩み」の項、参照）。
❹極端に言えば、何をされても動じない自分を探す。感情に揺れない自分、動作と緩みでダメージを受けない自分である（「柔体VS硬体」の項、参照）。

自分の持っている感情は、そのまま姿勢や行動に現れるだけでなく、それらは体内細胞に記憶されていく。

恐怖心は、人の水月に蓄積されると言われる。ヨーガでは太陽神経のチャクラで、恐怖などの感情に働きかけるとされるし、日本では中丹田と呼ばれる位置に当たり、そこは勇気や熱情の働きを促す箇所とされる。

恐れが沈めば、勇気が湧いてくる。システマには、そこを打つことで恐怖心や不要な感情を解放していく独特なトレーニング法もある。

## 恐怖感とつき合う
### ―極意は内面にあり―

「何事にも狼狽《うろた》えてはならない。巻き込む感情は何もない。悲しみも、憐れみも感じるな。感じることは何もない。なす作業があるのみだ」(マイク・タイソン)

身の危険を感じた時、あなたの内面に何が起こるか？　そこにあるのは恐怖心である。危険を感じて恐怖を感じない人はいない。かつて無敵の強さでボクシング界を風靡したマイク・タイソンも、リングに上がる前の様々な恐怖感を語った。相手と対峙した時に恐れるものは、相手の力やスピード、威嚇や武器自体ではない。それは味わいたくない怪我、苦痛、死、屈辱、失敗、挫折などである。

しかし、その苦痛や挫折はどこにも存在しない。自分が心の中で思うだけだ。実際に殴られて苦痛があれば、その時点ですでに苦痛があるから恐れはない。怪我や死の恐れがあっても、死んでしまえばその恐れも消える。つまり、恐れは、起こっていない事象に対する精神の防御反応であり、抵抗である。

ところが、心に抱くほとんどの恐れは真実とはならない。人が恐れることの98%は、実際には起こらないと言われる。自分の過去を振り返れば、ほとんどは起きていないことがわかるだろう。恐怖がそれらをなくすのでもない。ただ起こらないだけである。

即ち、我々が感じるほとんどの恐怖は、想像の産物でしかない。もし起こるとすれば、その恐れ自体が招くものである。

争いに巻き込まれたり、危険を前にすると、ある種の不安が生じる。どうなるかわからず、悪い方を予想してしまうからだ。それを辿っていくと恐怖心に包まれ、コントロールされる。そうなれば、自己の能力が様々な面で封じられる。

いくらトレーニングしても、達人になっても、先に起こることはわからない。それでいい。わかる必要もない。その時の、瞬間瞬間にわかるだけだ。そう理解すれば、恐怖と付き合える自分が発見される。

犬は、怖がる者のところへ行く。筆者も小さい頃その体験があるが、怖がるから寄ってくるのである。チンピラやいじめっ子も、怖がる者につけ込む。怖いとその事象に集中し、内面に抵抗が起こる。それが電波のように、振動として周りに伝わるのである。だから、あたかも願望したかのようにやってくるのだ。

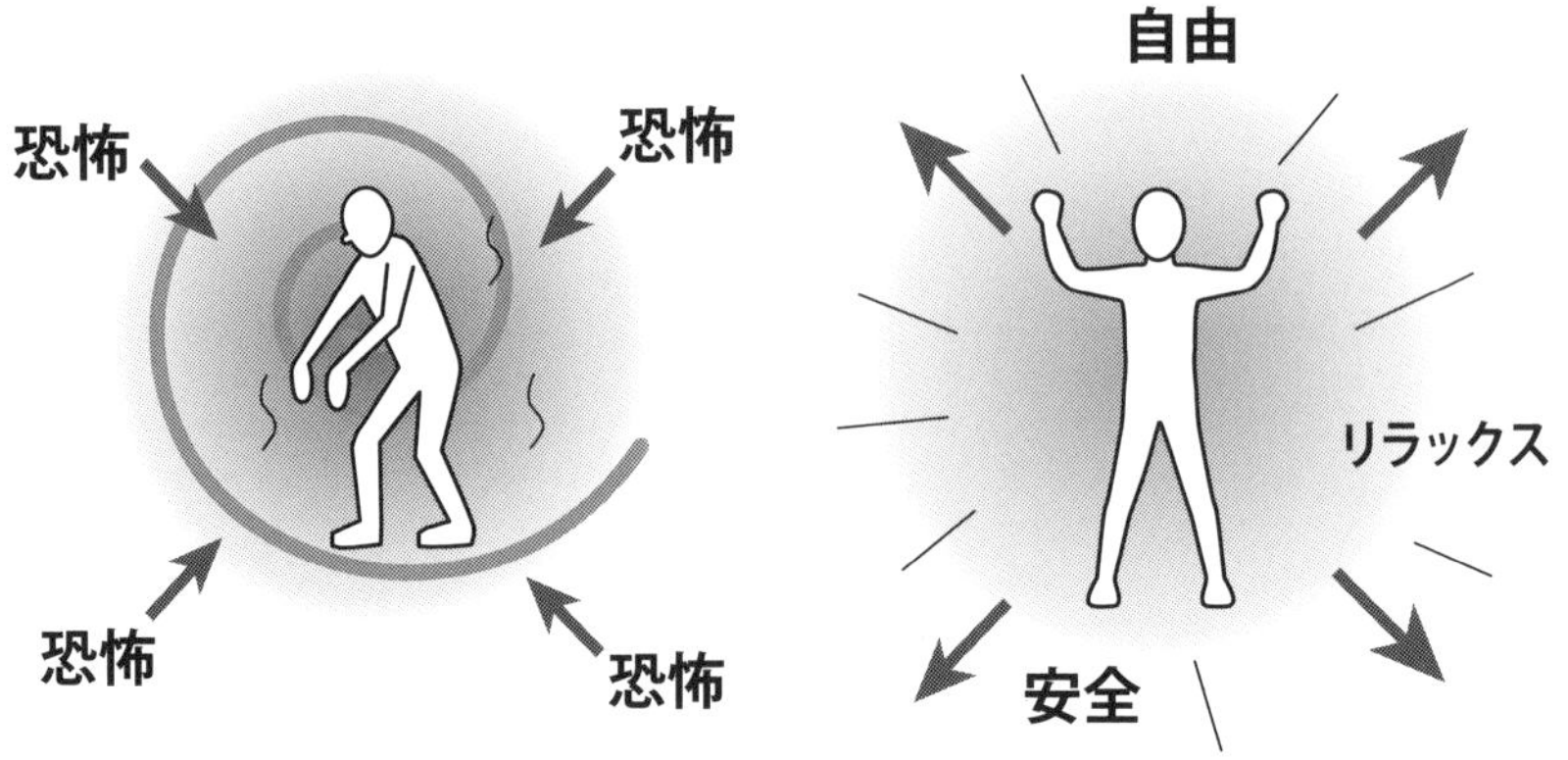


恐怖は想像の産物であり、それ自体が状況を悪くする。恐怖心を解放するのがトレーニングだ。

## すれ違いエクササイズ1 ～恐怖の想像

夜の暗い中、人気のない街を歩く。向こうから歩いてくる人が、凶悪で自分を狙ってくると想像してみる。すれ違い様に起こる恐怖感を観察する。人にすれ違わなければ、暗闇の恐怖感を観察する。

**❶自分の想像如何で、何も起こっていないのに恐怖感は湧く。**

**❷何が怖いのか？　相手の力、威嚇、武器？　自分の弱さ？**

**❸不安、緊張、ストレスなど、自己の状態を観察。体のどこにそれらを感じるか？**

**❹その時点で、自己本来のパワーはない。そんな状態で戦えるだろうか？**

**❺呼吸を意識し、身体を緩める。呼吸の中にパワーが隠されている。**

## すれ違いエクササイズ2 ～安心の想像

先ほどと同じシナリオで、今度はすれ違う人が善人で優しい人だと想像する。その際の自分を観察する。

**❶安心していて、リラックスできる、自分の自由な体を感じる。**

**❷相手に対する反発も抵抗もない。自分のパワーを感じられるだろうか？　感じなければ、どこかに不安や抵抗が残っている。**

**❸この状態で相手が襲ってきたら、どう対応できるか想像する。先ほどの状態と比べ、対処の可能度が高いはずだ。**

**❹たとえ何か起きてもいいと思える自分を探す。**

**❺恐怖感は想像以外の何物でもないことを認識する。**

恐怖心をなくすことは不可能だし、生き延びる上で必要でもある。恐れは動け、対応しろという合図だ。その衝動に従って動く。動けば状況は変わり、恐れは消える。

　恐れは未知の事象に対するものであるから、体験できるものは体験し、恐れに直面するといい。衝撃の実体がわかれば、それほど恐れるものではない。そうしないと、全ては頭での判断による誤った感覚のままだ。いつも拒み、避けようとするから、恐れは消えない。

　人が肉体的な争いの中で最も恐れることは、転倒することと殴られることだ。練習では殴られ、倒され、切られることを段階的に学び、恐れを緩和し、リラックス度を上げる（「殴られる」の項、参照）。

## 刃物による恐怖を観察する

　背後から押さえられ、刃物を突きつけられてみる。路上での出来事と想像してもいい。

**▼何が怖いのかを観察する。死、怪我、お金を取られる……。**

**▼身体の緊張を認識し、呼吸で落ち着いた自分に戻る。**

**▼物を取られてもどうにかなる。囚われをなくせば、その恐れは消える。**

**▼怪我しても回復できる。その恐れも和らげる。**

**▼死ねば、恐れを感じる自分もなくなるから、死を恐れる必要もなくなる。**

**▼少しでも恐れを和らげることができれば、もっと和らげられる。テンションが低いほど、脱出の可能性が大きくなる。**

**▼殴られても刺されても、抵抗のない方向に動くことを知れば、恐さが和らぎ、自信も湧く（「柔体VS硬体」の項、参照）。**

## プールで死の恐怖を観察する

　死の恐怖を味わうには、息ができなくなる状態が一番手っ取り早い。プールで誰かに頭を水中で押さえてもらう（要注意：危険なエクササイズなので、絶対に責任ある人の監視が必要）。

A＝潜る人、B＝押さえる人、C＝監視者

❶Aは息を吐ききってから息を止め、潜る。息が苦しくなったら、Bに手で合図する。
❷Bは合図からAの頭をさらに10秒押さえて息をするのを妨害してから、手を離して頭を出させる。Cも潜って、Aの状態を監視。
❸Aは、どんな思いや変化が体に起こったかを観察。
❹BとCはAを観察し、会話をして、大丈夫であることの確認をする。
❺楽であれば、15秒、20秒と増やしていく。
❻息は、自分が思う以上に止められる。体を固めたり、抜け出そうとして暴れると、余計苦しくなる。いかに冷静でいて、リラックスできるかを探る。
❼慣れれば、Aがパニックに陥る手前ぐらいまで押さえると、一番効果がある。ただし、やりすぎると酸欠で意識を失うこともあるから、充分注意する。
❽Aは頭を出した瞬間から、鼻と口を使って小刻みに呼吸をし、(バースト・ブリージング)身体を回復(「呼吸を制する者は、己を制す」の項、参照)。

普通の人間は、人を傷つけることを恐れる。他人の痛みや苦しみがわかるからである。直接殴られなくても、人が殴られるのを見れば、その痛みを間接的に共感できる。

同情や思いやりといった人間の本能が、人を自由に攻撃したり反撃したりすることを躊躇させる。だから、活人拳でなければならない。まともな人間は、そう簡単に人を殺傷できない（「活人打拳」の項、参照）。

# 怒りと復讐

「弱い者ほど、相手を許すことができない。許すということは、強さの証だ」（マハトマ・ガンジー）

恐れと同様に、人と争えば頻繁に生じる感情が、怒りである。他人を腹立たせることはいとも簡単だ。それは、既に怒りが心の中に存在するからである。ちょっと引き出してやるだけで、中身が溢れ出る。

怒りの感情は、蕾で摘み取ることが重要だ。拍車がかかったら、花が咲くまで収まらない。

戦闘的だから強いと感じるのは、思い違いである。与える威嚇は大きくても、中身は乏しい。萎縮した偽りの力であり、本来の力からは程遠い。怒って戦っても、本当は強くないのである。

怒れば、低い振動エネルギーを帯びる。この振動は攻撃的で、周りに感じられる。だから、相手の反発や抵抗を誘い、力ずくになる。激怒でテンションが上がると、相手を不必要に爆発させるか、逆に自爆する。自己の感情をコントロールしないで、自己の身体はコントロールできない。

外部の出来事が自分を怒らせるのではない。同じことをされても怒らない人もいる。上手い人は冗談でかわしたり、話題を変えたりする。

達人レベルはそれを武術的にやる。衝撃を受けずにかわしたり、動いたり、情緒が安定している。打たれても動揺しない。

腹が立てば、その都度解消しないと、自分の中に蓄積されていく。溜まった感情は、復讐や憎悪の念を抱き、些細な出来事が引き金となり湧き上がる。

怒りは潜在的な反応であり、自分の選択でもある。まず自分を見つめ直し、打たれ、倒され、感情の起伏を消すようトレーニングする（「殴られる」の項、参照）。

怒りでも恐れでも、まず呼吸を整え、囚われから自己を解放する。不快な気持ちを和ませていけば、動作の選択や自由性が増し、脱出率が上がるのだ。

## 感情エクササイズ

❶嫌な感情をもたらす出来事を思い起こす。過去でも現在でもいい。

❷その事象をイメージし、怒りや恐れなどをその時のように味わってみる。

❸身体のチェックをする。悔しい時に肩をリラックスできるか？　不快なまま緩むことができるか？　姿勢はどうか？　悲しいのに胸を張っていられるか？　呼吸はどうだろう？

本来のパワーは、肯定感情から生まれる。

❹その感情を保ったまま、動いてみる。感情を表現するように動いてみるのもいい。怒った時はどんな動きか？　恐る恐る動いてみるとどうだろう？

不快なまま、緊張は解けない。姿勢も縮こまり、呼吸も浅く、気が滞る。怒った動きはテンションが高く、無理矢理で雑になる。怖がって動けば、硬く中途半端で、力はない。マイナス感情がどれだけ身体能力を下げるかを自覚することが大切である。

一度頭と心を空っぽにして、今度は次のチェックをしてみる。

❶自分がリラックスできるような、楽しく嬉しいことを思い浮かべる。なんでもいい。ビーチで日光浴をする。温泉に入る。好きな人とピクニックに行くなど。

❷身体のチェックをする。身体が緩み、拡張し、力が湧いてくるはずだ。

❸そのまま動作のチェック。恐れや疑いがなく、緩んでいて、なおかつ確信ある動きが出てくる。

| | |
|---|---|
| 爽快な身体 | 緩む。気が巡る。<br>呼吸が深い。自由。強い。 |
| 爽快な動き | 自由。止まらない。<br>柔らかい。強い。 |

感情エネルギーの高い姿が、人間本来の姿である。恐れや怒りに溺れた姿は、本来から脱線した姿だ。自然ではないし、自由もない。健康でもないし、安全でもない。感情に振り回されるのが当たり前で、外部の結果を得て初めて幸せになると勘違いするのが我々だ。

そうではなく、周りの出来事に惑わされない至福に包まれた本来の姿、そこにパワーがあることを学ぶ。

# 何かしようとしない

## ―欲望は最大の敵―

「やるか、やらないかのどちらかだ。試みはない」

（映画『スターウォーズ』ヨーダの言葉より）

目の前にあるコップを持ち上げてみよう。持ち上げようと試みる者はいない。持ち上げるか上げないかのどちらかだ。何事もやるか、やらないかのどちらかである。試みるから失敗に繋がる。

動物は、人間のように考えて行動しない。獲物を捕らえる時、敵から逃げる時、ただ本能に任せて動くのみである。人間はそうはいかない。欲望や疑惑が自らの行動を判断し、邪魔をする。

自転車に乗る。その背景には乗れる自分が内面で確実に存在し、乗れることがわかっている。だから単に乗るだけである。

## 究極の護身法

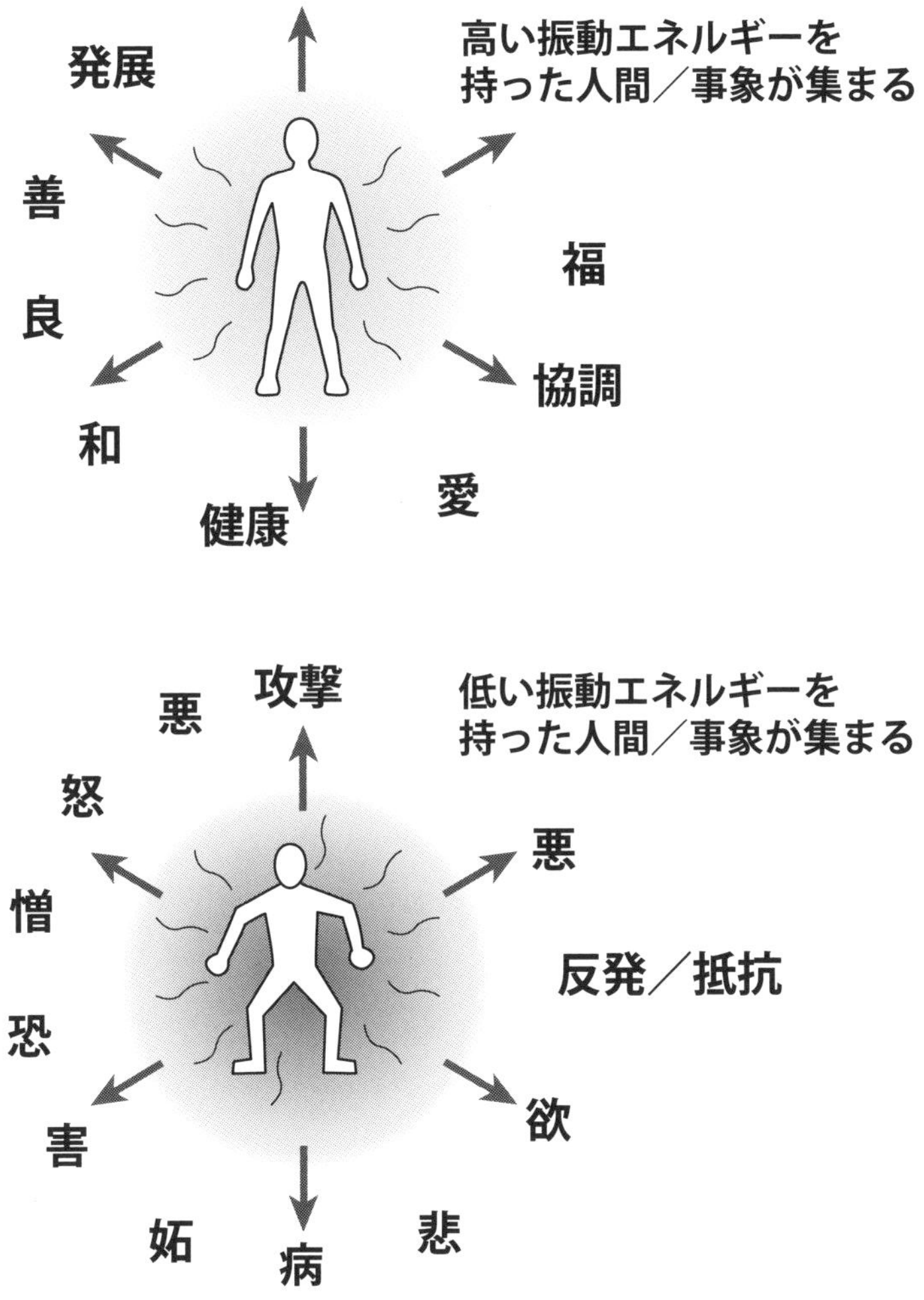


究極の護身法は、身体的なテクニックではなく、日常の感情コントロールである。

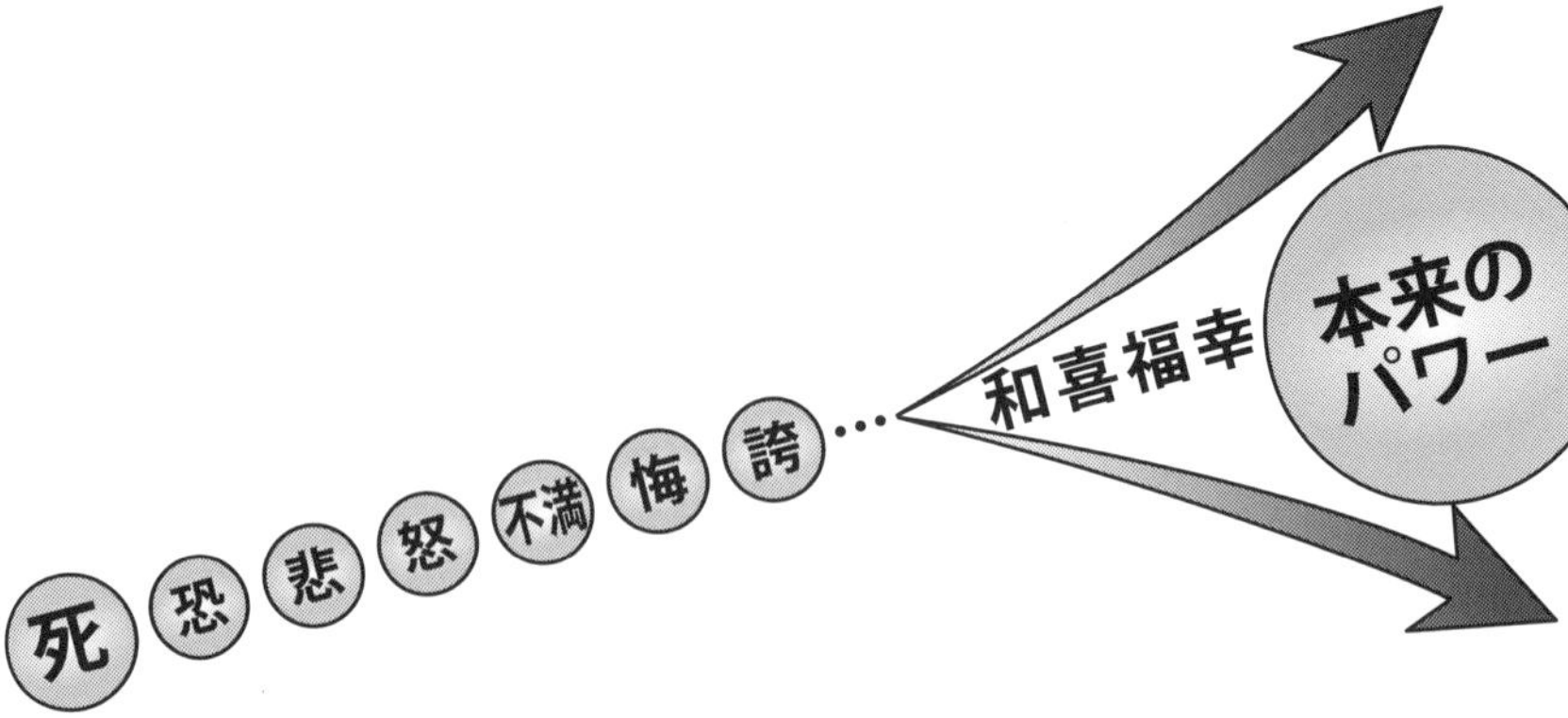


否定的な感情が肯定的な感情に転換した時、
そこに本来のパワーを発見できる。

乗ろうと試みてみよう。その心の内面には乗れるかどうかという疑いや、乗るべきか乗らぬべきかという迷いや、乗ったら転ぶかもしれないという怖さがある。そんな内面が武術的には効果をなくし、自己を弱体化させる。

攻撃から逃げようと試みない。試みる背景には、難しいという意識が内面にある。逃げるとか避けるという言葉自体の裏にも、恐れが存在する。攻撃を外すと考えればもっと楽だ。外そうと試みるのではなく、ただ外す。自分の体を外すだけ。迷いはない。その動作をこなし、次の動作に移るだけだ。

同様に、人を殴ろうとしない。叩こうとしない。それは余計な野心があり、動作が純粋でなくなる。

当てればいい。当てようと試みない。安全な位置に動き、対象がちょうどいい位置にくるから当てるだけだ。何の迷いも疑いもない。相手が自分の拳の前に来たから打つだけ。追いかけまわして殴るのとは違う。的確な動きが自然に出て、「何々しよう」ということ

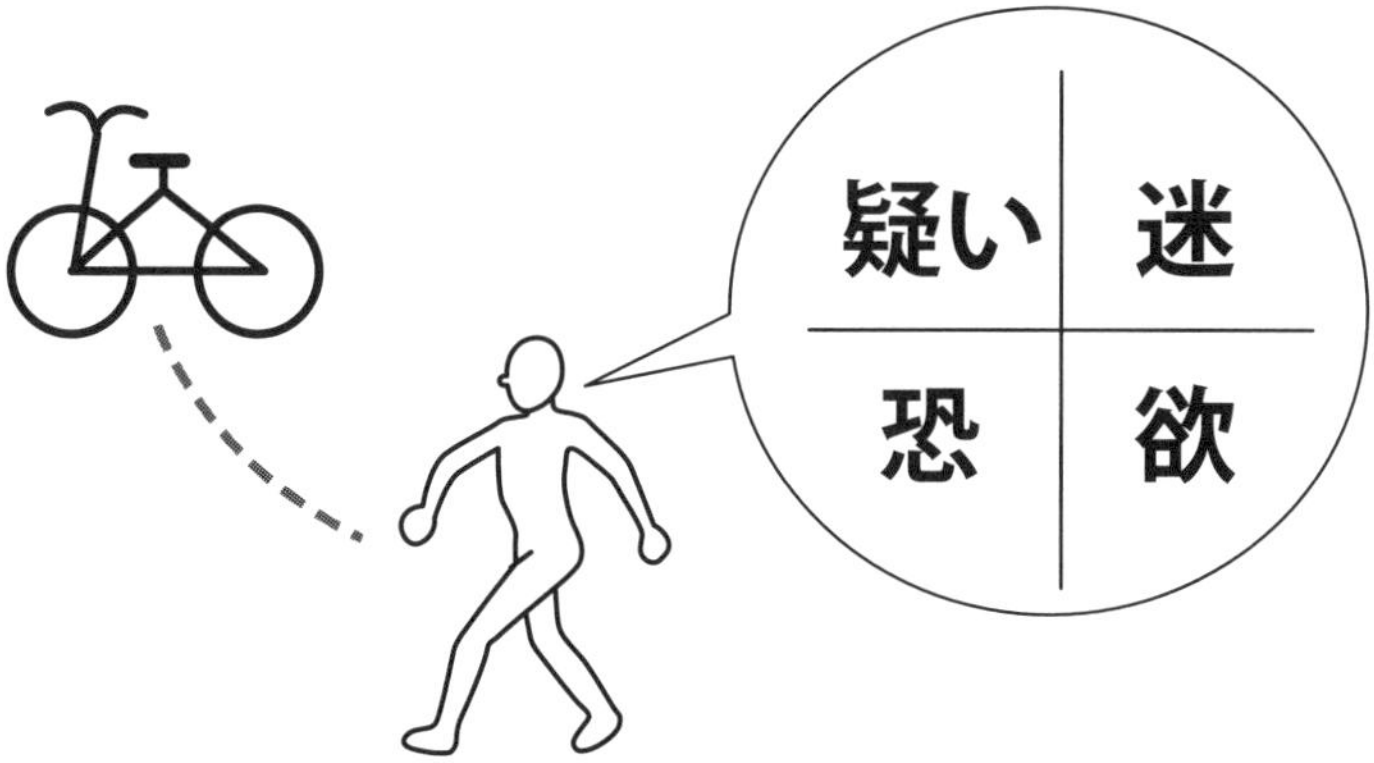


何かを「やろう」とするから難しくなる。
ただ単に「やる」だけでいい。

がなくなる。相手を倒すのではなく、相手が倒れるのだ。その違いがわかれば、システマがわかってくる。

打つ、外す、または腕を取る、足を払う、肘を捻るなど、どんな動作でも自然で無理なく、当たり前に行う。行わなければ、逆におかしいというところに自分を位置付ける。

例えば、相手を投げるために崩すのが柔道であれば、そこには試みが生じる。競い合えば必ずそうなる。

崩すならただ崩す。その先は崩した瞬間に決まるのであって、投げるための崩しではない。場合によって投げるとは限らない。

戦う、争うというのは、相手との中間距離で主に起こる。ガチンコ状態や、間合いで勝負すると、何かを試みることになる。

離れればいい。何もする必要はない。相手に強いられたら、迷わず相手を制御できる位置に動くことである。何も勝負する必要はない。勝負しないところで勝負するのがシステマだ。

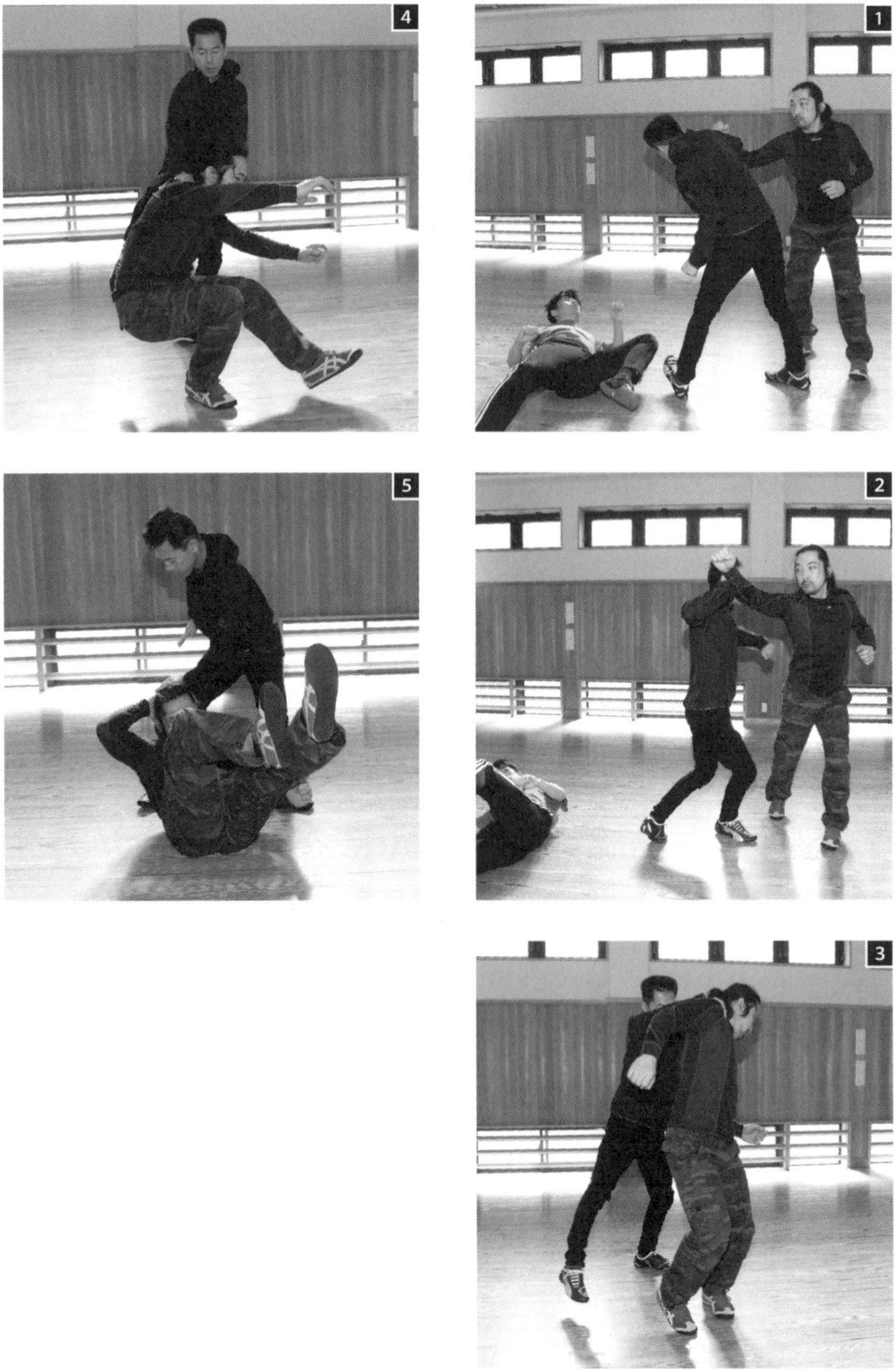

避けようと試みない。殴ろうと試みない。投げようと試みない。ただそうなるだけである。

# 個人的に取らない
## ―作り話の罠―

「心（ハート）で見なくちゃ、物事はよく見えない。肝心なことは、目に見えないいんだよ」
（小説『星の王子様』アントワーヌ・ド・サン＝テグジュペリ）

我々は、自分の人生の映画を常に見ながら生きている。過去から現在に至るまでの出来事や、未来への展望が一環となってストーリーとして存在する。

自分自身が主役で、周りの人々や事象は全て脇役である。考え、思い、感情、感覚は主観であり、自分がすることはもちろん、人がなすこと、周りで起こること全てが、自分を中心にした話の中で展開される。

相手と対立した時にも、自分がヒーローであり、相手は悪者だ。相手のことを何も知らなくても、自動的に自分が正しいと勝手に判断する。しかし、黒澤明の映画『羅生門』で描かれているように、同じ事柄でも見る者、体験する者によってその解釈は異なり、三者三様となる。自分が心に抱いている話も、他人から見れば、多かれ少なかれ間違った解釈なのだ。つまり、どんなストーリーにも真実はなく、個人的な主観があるだけだ。

ストーリーを消せば、戦う対象はなくなる。そこには、動きとエネルギーの交換があるのみだ。

相手との関係を物理的な観点からのみ観察すると、シンプルでわかりやすい。距離、間合い、タイミング、重力、スピード、強度、どれを取っても個人的な感情は必要ないし、あれば妨げになる。謙虚な姿勢で対応することで、感情、先入観、欲望、自尊心などに左右されない、芯から強い自分が見出されるのだ。

相手と対峙すれば、新たなシーンが展開される。

**▼まず、心に生じるストーリーを無視する。**
**▼主人公もいなければ、善悪もない。話も筋もなく、**

**感情の起伏もない。**

**▼勝ちも負けもなく、個人的に取ることも何もない。**

**▼生き延びる、危険から逃れる本能に、本書で学ぶ知識と知恵が備わっていれば、何も考えることはない。**

**▼あるのは、双方の気とその交差である。**

**▼そして、瞬間ごとの純粋な動作と作業のみが必要となる。**

固定観念を捨て、何事も個人的に取らなければ、余計な感情も思いも浮かんでこない。そんな意識では、何事にも囚われずに自由な自分を表現できる。怒りや恐れの感情は、個人的に取るから湧いてくる。

勝ちにこだわらない自分がいるから、勝つことを自然に呼び寄せる。技にこだわらないから、技が自然に出てくる。自分を中心に世界は回っていない。自分が死んでも、世界は気づきもしないのである。

自分中心のストーリーは幻想であり、囚われである。

# 一瞬の芸術

## ―全ては即興―

「前後裁断。前の心を捨てない、今の心を後に残す、どちらもだめだ」

（沢庵和尚）

システマは、現在の瞬間に創造される武術の追求である。過去に確立された技や、その伝承を基にしたものではなく、昇段や優勝など、未来のゴールを目指して励むものでもない。過去や未来に囚われない、自由な動きを瞬間ごとに求める。

生まれてから死ぬまで、同じ瞬間はない。だから、過去の記憶（技）を当てはめる必要もなければ、未来を想定して動作を構成する（技の選択）理由もない。現在の瞬いては消えていく瞬間ごとに、自然に適応できる心身を磨く。

戦闘状態では、自我意識（エゴ）が強く働き、現在の瞬間に身を置くことが困難となる。自我は自分を守ることが先決であるため、次の瞬間を常に先走って考えたり、過ぎ去った瞬間に心を残す。存在しない未来を恐れ、過去の失敗を悔やむ。それでは、今の瞬間に適切な反応ができるはずはない。過去に反応すれば遅れ、未来に反応すれば早まり、その瞬間に相手を感じることもできず、一体になることも不可能だ。

例えば、相手と組み合う。

**▼相手を負かそう、倒そうという意識があれば、未来に心がいく。**

**▼自分を守ろうと身体を固めたり、膠着させるのも、未来の悪い行方を予想するからだ。**

**▼劣勢になっていらついたり、悔やむ意識があれば、過ぎ去った瞬間に心がある。**

**▼焦って技を掛ければ未来へ先走り、技の失敗経験が頭をよぎれば過去に心がいく。**

**▼呼吸に意識を置けば、現在に戻る。体勢に関わらず、**

**相手を肌で感じ続ける。**

**▼現在に心身を置けば、身についている動きや技が、自然に出てくる。**

武術も儚いもので、その瞬間に起こり、次の瞬間にはなくなっているものだ。そこには作られたものもないし、嘘もない。見て判断したり、後になって評価するものでもない。常に移り変わる瞬間ごとにどう行動し、生きるかを追求していくものである。

怒り、不満、失望、恐怖感など、この章で触れてきた否定的感情も、全て過去と未来に心があるから生まれる。心が現在進行形であれば自由であり、思考や感情に縛られない。マイナスな思いが入るスペースはない。

そのために体の感覚に従い、呼吸に意識を合わせ、現在に心身を置くことで、自己の存在が消える。恐れも疑いもなくなり、純粋な動作のみで対応することがベストであることを、システマは教えてくれる。

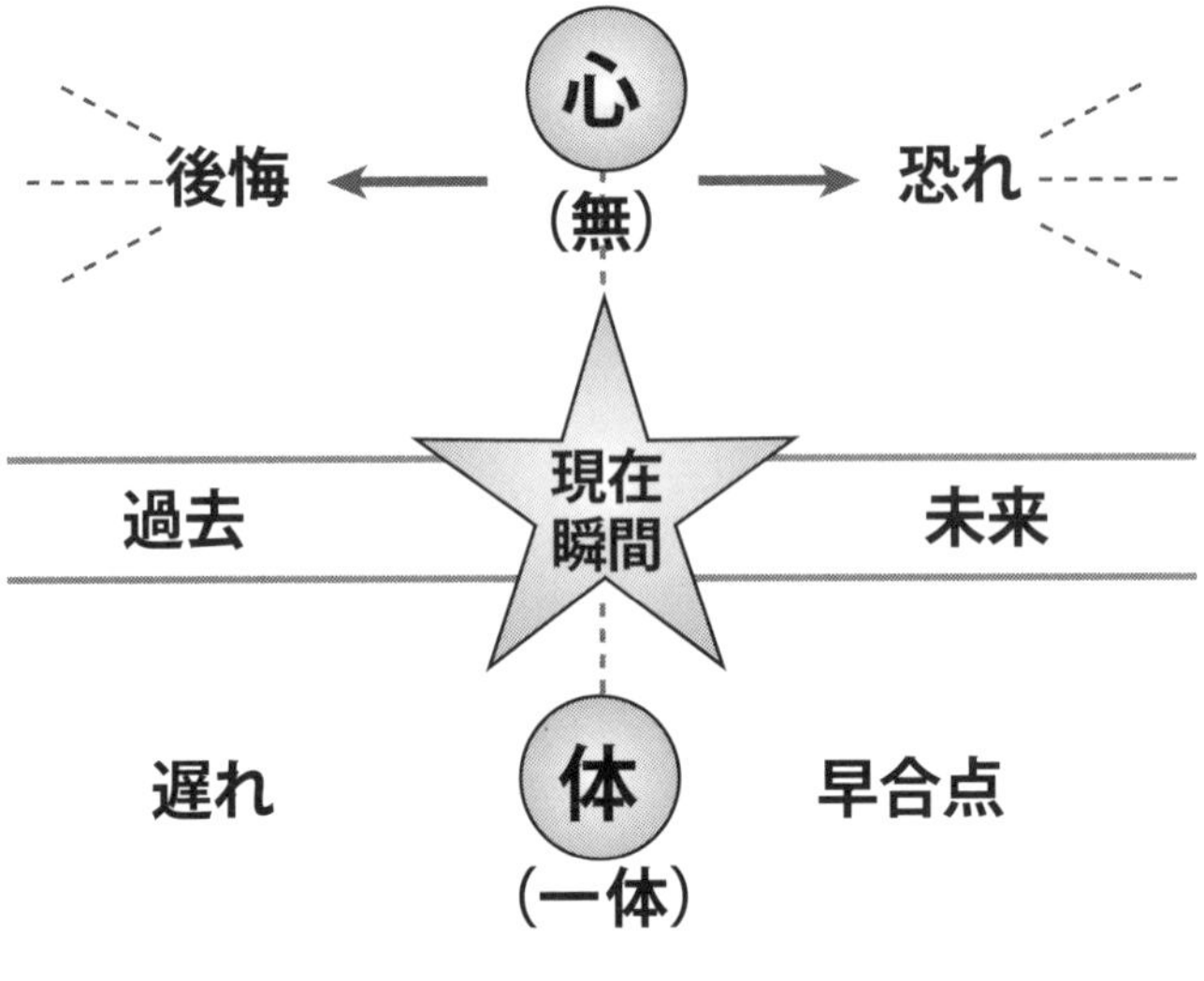


過去に反応すれば遅れ、未来に反応すれば早まる。だからいつも今の瞬間に心身を置く。

# 第7章

# 心理・意識の操作

## 潜在意識の壁

### ――壁を破るスロー・トレーニング――

「繰り返し行うことが、我々の本質である。ゆえに、美徳は行為ではなく、習慣である」

（アリストテレス）

あなたは、日常の思考や行動を、同じパターンで日々繰り返していることに気づいているだろうか？　いくら新しい体験をしても、根本的に同じ考えや反応、動きである。一時的に変えることはできるが、その場限りだ。実質上何も変わらない。

タバコをやめること、ダイエットなどが長続きしないのは、潜在的に逆のことがインプットされているからだ。

人の行動の95％以上は、潜在意識が司っていると言われている。体の動かし方、咄嗟の反応、力の入れ具合、緊張と弛緩、心の状態なども、全て潜在意識によって管理されている。だから、思った通りに自分が動けないのである。表面意識を潜在意識が常に覆す。潜在意識が勝つのは、そこに根強い信仰や癖が組み込まれているためである。

例えば、Aはナイフを持って踏み込み、素早くBを立て続けに突いたり、切ったり攻撃する。

Bはナイフをかわすように動き、自分の動きを観察する。ドタバタ後ずさりしたり、相手の腕を掴もうとしたり、大抵は足がもつれるだろう。格闘技経験者でも、もたつくか、ぶつかりにいく。

これは何度繰り返しても、同じ動きにしかならない。速く強い動きに対しては、潜在意識にインプットされている反応と動きのパターンしか出てこないからだ。強度を落とさない限り、それを変えようと試みても無駄な練習になる。

その壁を破るには、潜在意識に違う動きをインストールしなければならない。それには次の条件が必要である。

## 動きを根本から変える条件

### ▼緩む

緩まないと、潜在意識の扉が開かない。そうでないと、自分の知っている（すでに潜在意識にある）動きにしかならず、何も変わらない。

### ▼戦闘心を消す

戦いだと思うから、最初から緊張を作り、緩めない。ゆえに潜在意識に届かない。

### ▼スロー・トレーニング

ゆっくりした動作で、個々の動きを確認。スピードがあると、動きの始まりと終わりにしか意識がいかない。細かい動作まで脳に記録するには、ゆっくりやる以外にはない。

### ▼競わない

競うと、スピードと強度が必ず増す。例外なくエスカレートし、何も変えることができない。

### ▼反復練習

システマの欠点を強いて言えば、反復練習をやらないことにある。

システマのトレーニングは引き算である。従来の武道のように、技や戦法を足していくものでなく、不必要なものを取り除いた自然な本来の自分に戻ることである。無駄な思い、余計な動作、緊張などを取り除いていく。しかし、それらは潜在意識に深く組み込まれているから、単純でゆっくり行うトレーニング（スロー・トレーニング）を繰り返さないと、何も変わらない。

物事を学ぶにあたって、近道はない。速く学べば、上辺しか学べない。極意や奥義を学ぶには、ゆっくりしたトレーニングのみから近づくことができる。

ゆったりした動作は、安全であると識別する時間を脳に与える。だから自由で緩んだまま動きを学ぶことができるのだ。動きが早くなるとその識別が困難になり、危険や苦痛を予期し、身体が力む。それではシステマの作業にならない。


ゆっくり学ぶこと、抵抗が低い範囲の状態で行うことで、相手の反撃を心配せずに正確な動作が学べる。最初から反撃を受けながらでは、動作を学べない。

そして、動きや技の成功の感触を味わい、覚える。これが非常に重要である。この感覚を身につけないと、成功には至らない。いつも競い合う態度でいると、常に相手の抵抗を感じ、期待し、必要ないテンションを内面にも外面にも持ちながら行ってしまう。

路上でも格闘でも、実際の動きは早い。だから早い動きの対応を学ぶのも大事である。しかし、どんな動作もゆっくりできないのに早くできるわけがない。ゆっくり、正確に、そして緩んだ自然な状態を作るに

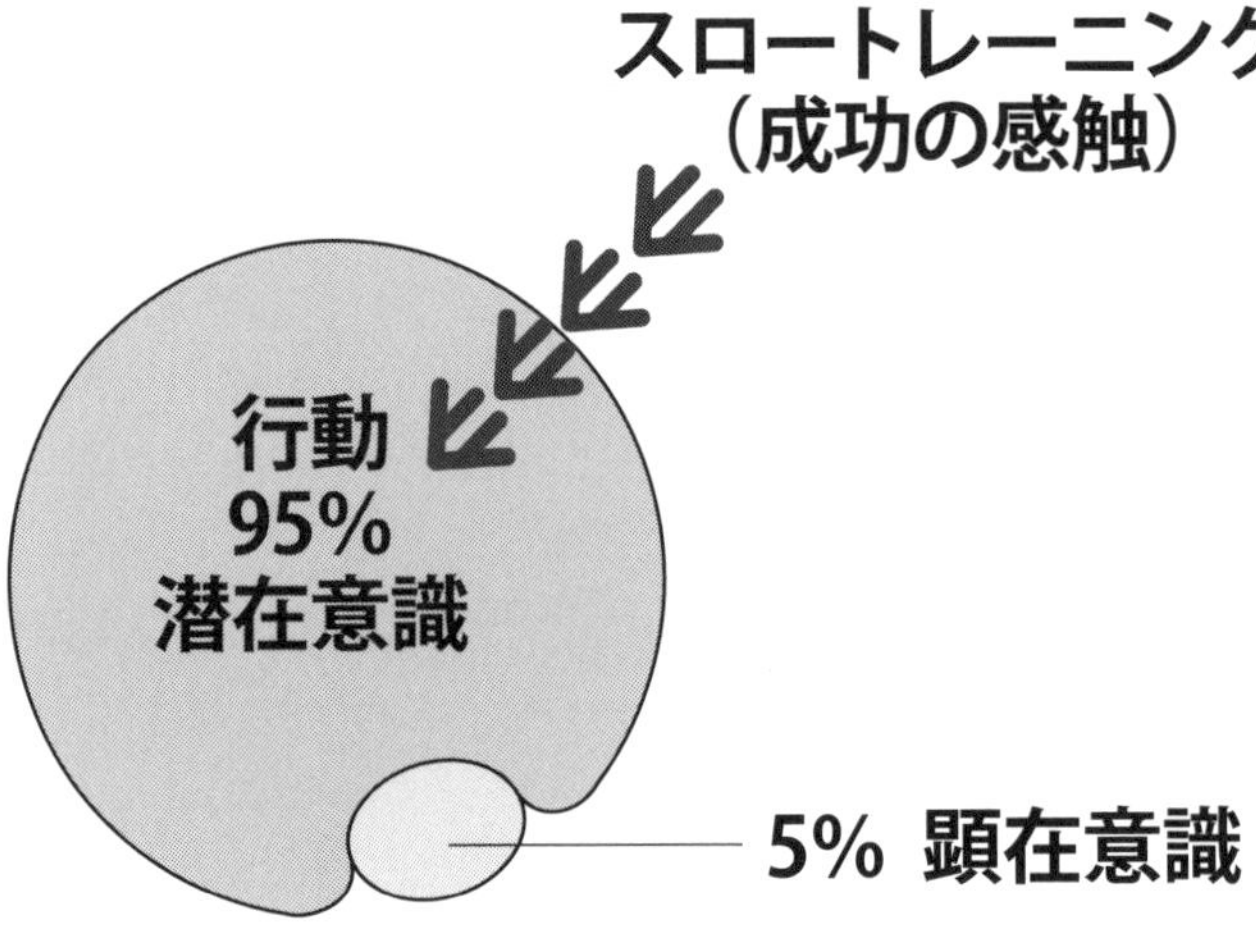


ゆっくり行うトレーニングで、潜在意識からトレーニングする

は、スロー主体のトレーニングでなければならない。ゆっくりすぎて、あくびが出るくらいになってからスピードを上げるべきだ。

# 錯覚
## ― システマの制御法 ―

「兵は詭道《きどう》なり」（孫子）

ハエが目の前に飛んできたら、一瞬ハエに心が囚われるだろう。その瞬間あなたの視野は狭くなり、通常見えているものが見えなくなる。

同様に、相手が振りかざす刃物に囚われれば、視界も思考範囲も狭くなり、動作が凍りつく。下半身は固まり、脆くなる。そこに意識はなく、気も滞っているから、ちょっと押されただけで簡単に崩れるのである。

我々は、周りで起こっている事象を全て把握しながら生きていると思っている。ところが、実際わかっていることは、極々少量の情報だ。

人は同時に複数のことに集中することはできない。だから、一つのことに気を取られたら、他のことに気が回らなくなるのは避けられない。手品師はそんな人の心理を利用し、錯覚を起こさせ、見えない動きをし、人を驚かせる。システマの動きや捌き方も、同様に相手の盲点をつくことを求める。

格闘系のパンチは見えるから、スピード勝負になる。そこには構えがあり、気負いがあり、硬さや違和感となって現れるから、見えるのだ。

そういった要素を無くして自然になると、相手の油断を促す。拳を握って構えればそれを警戒されるが、手が何の用意もなく背景の一部として自然にぶら下がっていれば、見えていて見えなくなる。それが一瞬に飛んでくると、対応できない。これも一種の錯覚である。

触覚も同様に、強く押したり引いたりすれば、相手には違和感となり、危険信号となって反応する。しかし、相手が気に留めない程度に軽く触れられたら、反応が消える。赤ん坊の頃から撫でられて育ってきた我々は、柔らかく触れられれば、脳が喜びとして感知する。判断や認識はその後に働くために、一瞬錯覚が起こる。気づいた時には制御されるのだ。

手品師のやることに、騙そうとか欺こうという意図はないし、感じられない。ごく自然な動きの中で当たり前のように行われる。隠そうとか見られないようにという動きになれば、それは観客にわかってしまう。

高度な武術もこのように行われる。攻撃しようとすれば必ず、そこにある意図がバレてしまう。バレれば抵抗されるのが当然だ。何も試みず、相手にしたいことをさせることで、錯覚が起きる基盤ができる。小さい者が大きい者をなんなく倒せるのも、そんな要素があるからだ。

## 錯覚の過程　～攻撃側の視点

### ▼本気の攻撃

やる気で突き、掴みにいく。攻撃が本気でなければ、錯覚は起こらない。そんな攻撃は相手にされない。

### ▼標的の確信

標的が止まっていようが、動いていようが、打つ瞬間は的を捉えたという確信がある。であるから身を投じる。確信がなければ、迷い、中途半端で、手先の弱い攻撃になる。

### ▼的の変化

あると思って突いた的が、急になくなる。空を切るだけなら、まだ理解できる。体勢を立て直し、再度攻めればいい。しかし、そこに感触があると、当たってないのに当たったような錯覚が一瞬起きる。

### ▼錯覚

例えば、顔を狙い、その顔がスッと手に変わると、当たってないが外れてもいない。どっちつかずの感触で、一瞬自分を見失い、身体が脆くなる。次の瞬間には崩される。

打った瞬間は当たると思わせるようにするのが鍵だ。攻撃が届いたその瞬間に的が消え、手に変わるように動く。その一瞬、相手はあると信じて打った的がないことを脳が処理できない。当たった手応えはないが接触があり、攻撃は有効だという錯覚が起こる。次の瞬間に気づくが、時すでに遅しで誘導されている。緩んだ心身、絶妙なタッチと細分された体の動きがそれを可能にさせる。

相手と同時に動く、微妙なタイミングも欠かせない。始めから逃げまわっていては追いつめられるだけだし、相手に感づかれては警戒して手を出してこない。

相手を心理的に捉え、自然な動きで相手を誘導することで、相手に錯覚を起こさせる。

## 錯覚の条件

### ▼緩む

リラックスして接することで、相手の警戒反応を鎮める。

### ▼意図を見せない

意図がわかれば、構えられる。

### ▼ぶつからない

柔らかい＝安心。

### ▼正面から攻撃しない

背後や横に入れば、死角であり、感じにくい。

### ▼手足はあるところから出す

ポジショニングし直さないから、わかりづらい。

▼フェイントをしない

フェイントで騙す（戦略）のは、錯覚とは違う。

▼急に動かず自然に動く

自然に、穏やかで滑らかに動けば、相手に情報を与えず、反応を遅らすことができる。

▼ギリギリで見切る

外される瞬間まで相手は当たると信じるのが鍵。

## 刃物の突き

❶相手が突いてくる箇所をスッと手に替えて、体をかわしながら攻撃を拾う。

❷自然でリラックスした動きでやると、相手は突いたと思った身体が手に替わっているのが、一瞬わからない。

❸そのまま、相手の肘や手首を制する動きに繋げ、刃物を解除したり、相手に刃物を向けるなど、可能性は様々である。

## 刃物の水平切り

❶Aは一歩進んで、刃物でBの首を右から左へ水平切りする（Bの左から右）。

❷Bは一歩右前に、攻撃から離れるように合わせて歩み、相手に違和感を与えない。動きを繋げて、頭を下にかわし潜りながらAの急所、膝、腰、手などを崩し、横または背後へ回る。

❸滑らかで、合わせた動きはぶつかりもなく、相手に反撃してないという錯覚を起こす。相手はまだ攻めていると錯覚を起こすので、楽に背後を取れる。

❹動きながらスムーズに崩しを入れると、さらに脳が混乱する。あとは様々な箇所が露出するので、手、肘、膝などを使って同時に相手を打って倒してもいい。

ナイフの突きへの対処例（ゆっくりした動作で感触と動きを養う）。

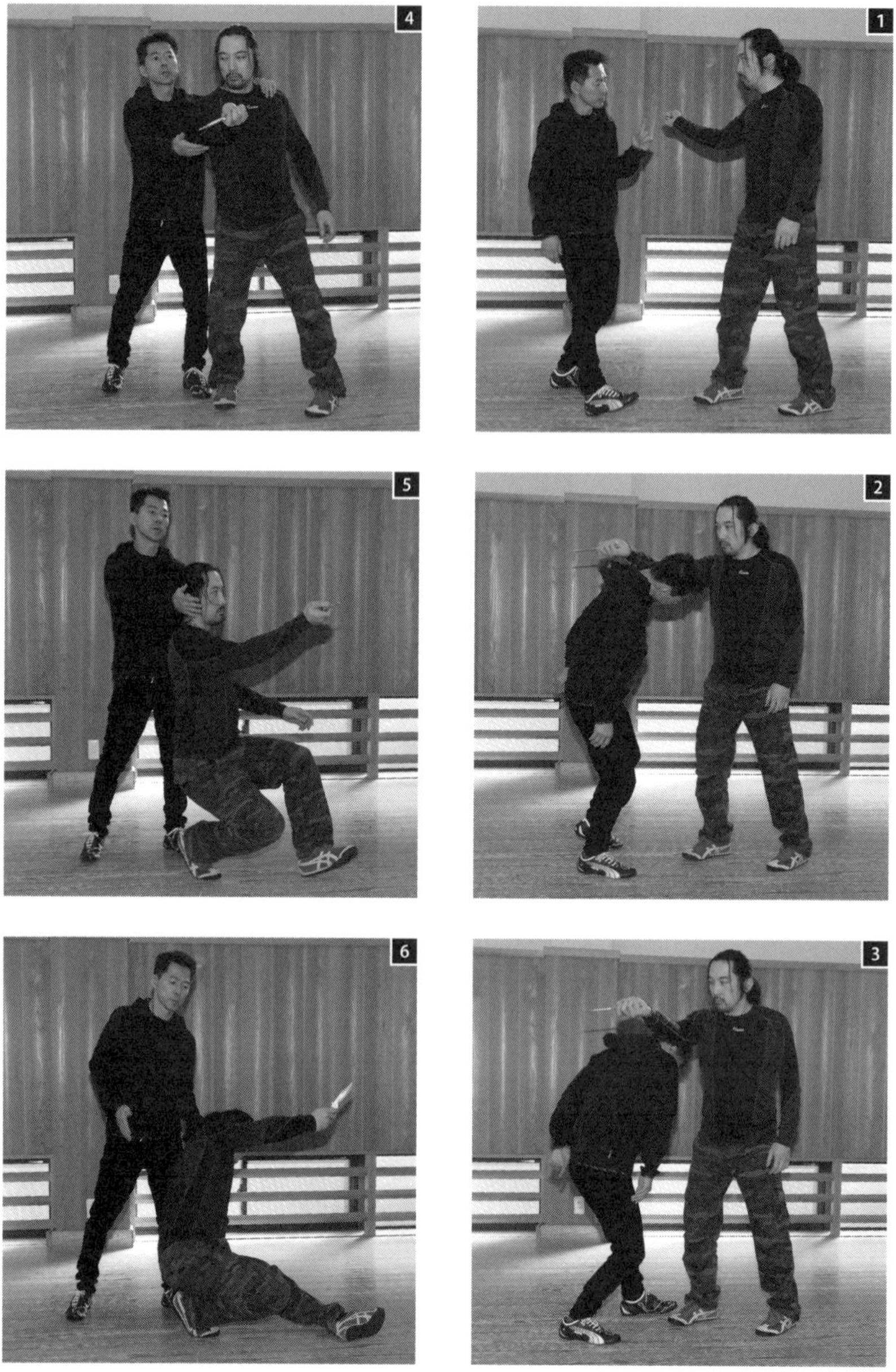


ナイフの水平切りへの対処例。

# マジック

## ―人の心理作用を利用する―

「空想は知識より重要だ。知識には限界があるが、想像力は世界を包み込む」（アインシュタイン）

テレビで見るように相手を催眠術に掛けることができれば、争わずに自分の思い通りに相手を征服できる？……無論、襲ってくる相手に暗示を掛けようとしても、叩きのめされるのがオチだろう。催眠術は、武術的に現実とはかけ離れている。

しかし、その底辺にある人の心理作用に注目すれば、相手を如何に同意させるかという原理であるから、役に立たない訳がない。

暗示や催眠術は、マジックと同じように人間の習性を利用したものだ。被験者が同調する意思があるから効く。反発心があれば、効き目はない。相手がリラックスしていないと効かない。どちらも、掛かる相手の同調を求めるものであるから、反発心があってはならないのだ。

武術にも、全く同じことが当てはまる。反発があるから技が掛からない。であれば、反発のないように掛けるのが芸術である。

催眠のメカニズムは、相手をリラックスさせ、意識のブロックを取り除き、潜在意識に直接暗示を掛けるものである（「潜在意識の壁」の項、参照）。

意識のブロックがある限り、効かない。武術的に言えば、戦意や抵抗である。争いの中で、相手の意思に反しては掛からない。それらが静まるように接し、動く。相手を興奮させたり、脅かしたりしない。だから敵対心も消すのである。

自分に硬さや棘があっては、相手はすぐに防御反応し、反発する。であるから、緩んで、柔らかく、スムーズに接触した上で相手を崩し、制する。相手が反発したまま倒れていくのではなく、気持ち良く倒れてもらうような、身体の操作と対処法だ。まるで催眠術にかかったように、倒れてくれる。それが可能なのだ。

**抱擁エクササイズ**

❶寝た状態のAに対して、Bは脇に座り、リラックスする。
❷Aが起きようとするのを、Bは阻止する。
❸Bは赤子を撫でるように、柔らかく丁寧にAに接し続ける。
❹肩が上がれば押さえ、膝が上がれば押さえ、頭が上がれば押さえといった具合に、優しく行う。
❺押さえる際の強度や方向などを、実験、工夫研究し、相手の抵抗をカットするような接触と動きを見つける。
❻応用としては、手だけでなく、自分の足や胴体など、違う場所も使ってみる。
❼相手を倒す時も、同じ感覚と質を保つことだ。より楽に効果的に倒せる。

優しく押さえる、抱擁エクササイズの例。

自己暗示も同様に、自分の潜在意識に働きかけるものだ。既に誰にでも起きている現象である。自分のもつ強い信念は、思考が重なり、自己暗示となって潜在意識に根付く。

例えば、何度も負けると、自分が弱いと奥底で信じるようになる。そこで何度戦っても、結果に大差はない。自分の潜在信念に引きずり下ろされる。

それを変えるには、余程ショックな出来事で一転するか、逆の自己暗示を掛け続け、信念を変えていくことである。やはりリラックスし、抵抗を外した時にのみ、掛かるのだ。

## 自己暗示エクササイズ

❶四、五人の人に、手足や胴体などどこでもいいから、押さえて動けないようにしてもらう。関節を押さえてもいい。
❷ちょっと動いてみれば、ぶつかり、引っかかり、無理だとわかるだろう。
❸そのまま目を瞑り、リラックスする。押さえられている箇所から気を外す。
❹身体が緩んだまま、独りでに動いて何にもぶつからずに、あらゆる方向に手足が伸び、楽に脱出できると暗示を掛ける。
❺楽に暗示を掛け、想像してみよう。
❻暗示通りに、気の向くままに動いてみる。結果は気にしない。

エクササイズで得たこと、得なかったこと、気づいたことの中に、何かがあるはずだ。

# 急ぐな、焦るな、結果を求めるな

## ― 上達の条件 ―

「私にとって戦うことは小便しに行くようなものだ」
(ヒクソン・グレイシー)

他の武術や格闘技の経験者が、システマを理解できなかったり、進歩が遅い理由は、戦う姿勢が最初からあることである。他ではそうしてきたし、武術をやるのに戦い方を学ぶと思うのは当然だろう。

しかし、まさにその戦うという先入観や固定観念が、システマの作業の邪魔になる。それらがトレーニングで一番注意しなければならない、力み、気負い、緊張などを作る。そこから何をやってもシステムにはならないし、わからない（「ゼロの様態」の項、参照）。

　ここでは、トレーニング中に具体的にどんな姿勢や行為が上達の妨げになるか、いくつか代表的なものを挙げてみた。

### ▼急がない

　戦闘モードに入ると、誰でもスピードが上がる。急いで相手を片付けようとするから、動作が雑になり、効果が薄らぐ。相手に合わせず、自分勝手に動くことになる。

　練習では、相手と等速に動くことが大事である。急いでどうするのか？　脱線せずにじっくり味わうべきである。

### ▼焦らない

「この機会を逃してはならない」「相手が逃げる前に制御しなければならない」という思いが、焦らせ、結果として急ぐことになる。機会は常にある。一つの機会を逃しても次がある。その前にやられると思うから焦る。劣勢を拒まずに動きを利用すれば、好転できる可能性はいくらでもある。

### ▼意気込まない

「～しよう」という欲望が強すぎて、動作が強張る。何もしない感覚をまず身につけることだ。競技系は、勝つという意気込みから、忙しく動き、忙しく技を掛ける。気負いを捨てて純粋な動作のみに焦点を当てないと、いつまでも器が小さいままで戦うだけだ。大きな自分を見つけることが、より重要である。

### ▼狼狽えない

　パニック状態は恐れの現れである。答えが見つからず、どうしていいかわからない。狭い自分の思いを解放し、わからなくていいと思える自分を感じる。呼吸に意識を持っていき、体を動かす。答えは身体が知っている。パニックに陥っても何でも、死ぬ時は死ぬのである。どうせ死ぬなら運命を受け入れてリラックスして死にたいものだ。そんな精神の中に大きな力が眠っている。

### ▼結果を求めない

やはり、誰でも結果を求めたがる。そこに気負いが生じ、緊張が走り、急ぐことになる。そのような心を手放してプロセスを大事にできると、後々の成果が大きくなる。

何事も忍耐である。結果は存在しないと考える。大きな目でみれば、全てはプロセスだ。相手を倒しても、制御しても終わりではない。仕返しに戻ってくるかもしれない。相手との交流に区切りがついたとしても、次の事象が待っている。全ては繋がっている。

### ▼判断を下さない

上手くいかなくても、失敗したと感じても、いちいち反応しない。反応するから脱線する。脱線するから、腐るし、焦るし、パニックになる。練習で、拳や武器が当たったり、倒されたりするのは当たり前である。そうならないようにするのが練習ではない。同様に相手に逃げられたり、倒せなかったり、外されたり、これも当たり前である。

その時の自分の態度や次の動作に、技量が現れる。自分のやることなすこと、他人の行いにも判断を下さない。判断するから力が消える。ありのままでいい。そこにパワーがある。

# 本能・直感・インスピレーション

## ―自己を超えた力を借りる―

「いかなる問題も、それを作り出した時と同じ意識によっては、解決することはできない」

（アインシュタイン）

咄嗟の動作では、考えてから動いては遅い。脳が物事を処理するのに寸秒でも時間を要する。刃物で突如刺されれば、ほんの0・1秒が命取りになりかねない。思考を飛ばし、体でダイレクトに反応しないと、対応が間に合わない。

体で反応するということは本能による反応であり、潜在意識の反応でもある。であるから、潜在意識の動きや反応の質を上げる作業が一つある（「潜在意識の壁」の項、参照）。

潜在意識は、自動化されたプログラムがあるだけではなく、もっと大きな意識に繋がる道でもある。

一対五の対処は、限界のある自己の知識や能力だけでは答えが出ない。五人が武器を持っていれば、容量的にパンク状態である。こっちは腕二本、脚二本である。相手は腕十本、脚十本、さらに武器が五つ。数字上どう考えても、勝つどころか脱け出せるはずがない。通常の意識では無理な対処である。であるから、自己を超えた意識を探る以外に可能性は見えてこない。

答えがあるなら、人が理解できる物理や論理を超えた「超意識」の世界である。不可能が可能になる世界である。摩訶不思議ではなく、我々が普段から知らずに使っている意識でもある。

見えない力を否定すると、偶然とかまぐれなどと片付けられる。閃きや思いつきは誰にでもあるが、説明できない。そんな意識空間である。そこに常に繋がることができれば、対処不可能が可能になる。

危険を察したり、相手の次の動作を感じるのが、どこからともなくくる直感や第六感だろう。予知能力も

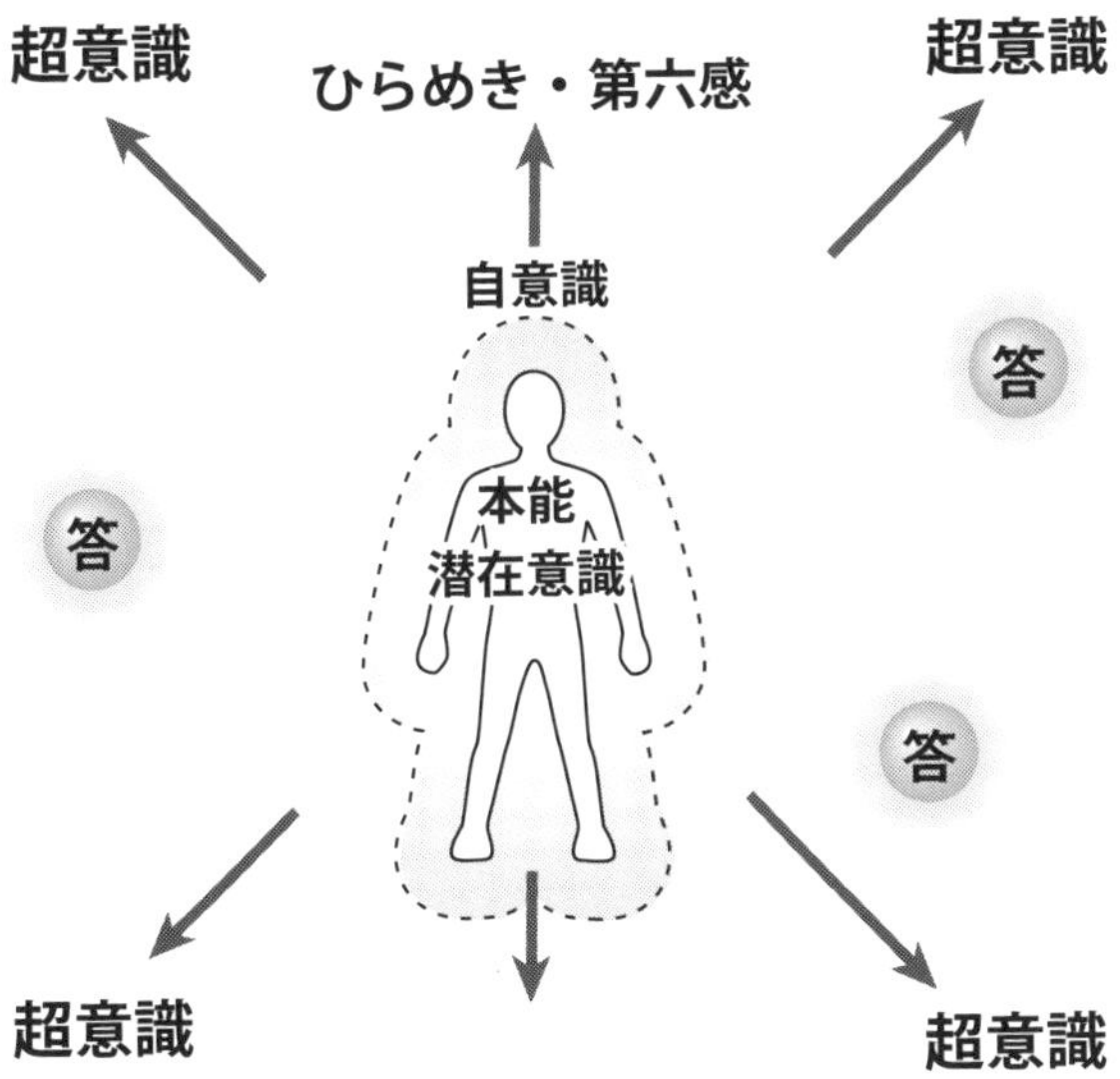


自分以上の力にアクセスする意識を探る。

そうだ。何かが「別の道を歩け」と感じさせる。それらも「超意識」から拾った答えが、自己の心に囚われない意識を通して得られる。

「もうダメだ」と思った時に湧いてくるような力や、インスピレーションもそうだ。自分以上の力にアクセスできる意識だ。しかし、忙しく競い合ったり、自意識が過剰であれば、アクセスが途切れる。アクセスできないから、結局自分の力に頼ることで終わる。

上手くアクセスするには、それなりの心身の用意がいる。それはパソコン（自分の身体と意識）でインターネット（世界に広がる大きな意識）に繋げ、情報や答えを得るようなものだ。ネット上にアクセスするには、パソコンの仕様とキャパが整っていないとできないし、アクセスポイントが必要だ。超意識へのアクセスポイントは、呼吸である。

## 超意識へのアクセス条件

**▼万物は意識レベルで全て繋がっていることの認識。**

**▼自分の身体や意識以上の力の存在の認識。**
**▼雑念を払い、感情をコントロールして、内面を綺麗にする。**
**▼心を開き、身体を自然に委ねる。**
**▼自分の意志や力に頼らない。**
**▼エゴを捨て、大きな意識、大きな目的に自分を委ねる。**
**▼呼吸に意識を置き、現在の瞬間に心身を委ねる。**

己を知るには、己の住む世界を知らなければならない。科学者のように、宇宙や森羅万象という果てしなく大きな世界を知り、分子、原子、量子とミクロの世界を知ることで、自分の存在を知る。大宇宙でも人体でも、見える力と見えない力があり、わかる意識とわからない意識がある。システマのように枠を外し、扉を開くと、全てが可能性として見えてくる。

人生や、我々の存在する世界は、わからないことだらけである。だから、生き甲斐がある。わかることだけやっていたら進歩はないし、可能性も閉ざされる。未知の世界を探求することで、今までわからなかったことがわかってくる。頭でわからなくても、身体でわかればいいのだ。身体が感じて、危険や脅威にぶつかる前に察すれば回避できる。

大きな意識に繋がれば、それだけで護身になる。トラブルは、狭くて器の小さい自分に起こりがちである。だから戦いを強いられる。自意識を捨て大らかに生きることこそ、最高の護身になるのではないだろうか。

## 自己意識VS超意識

**▼自分の心と肉体に囚われ限られた力**
**↓世界に広がる意識から拾う知恵と力**
**▼小さな自分　↓大きな意識**
**▼制限　↓無限**
**▼収縮　↓拡張**
**▼行き詰まり　↓流動**

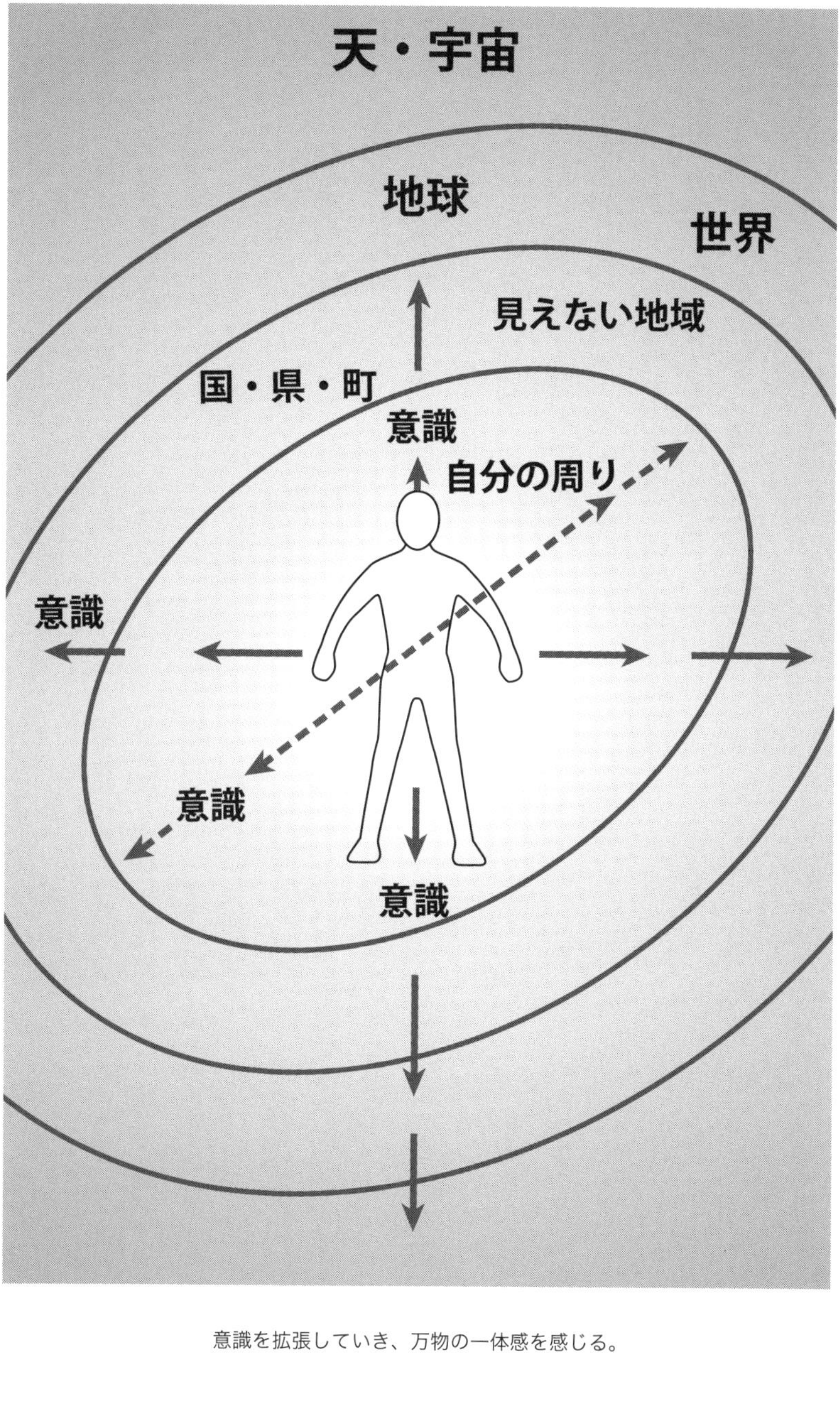


意識を拡張していき、万物の一体感を感じる。

## 意識の拡張エクササイズ

❶公園など、野外で立つ。目を瞑ってもよい。
❷身体の上下にある軸を感じ、肩、腰、膝などを緩ませ、深呼吸する。
❸頭を空っぽにし、自分の意識が身体全体、隅々に行き渡るようにする。
❹身体の中心を通る三軸、上下、左右、前後の六方向に、意識を体外に伸ばしていく。
❺1メートル四方から始め、2メートル、3メートル、5メートル、10メートルと徐々に伸ばし、その範囲にあるもの全てを五感を通して感じる。木や、鳥、人、雑草、土、空、太陽、何でも感じる。
❻意識をさらに伸ばし、公園外、町、市、県、やがて日本全体、世界、さらに地球外へと意識を徐々に広げてみる。五感以上の感覚で感じる。
❼その意識は、存在するもの全てと繋がっていることを感じる。

## 防御ドリル

❶上記の意識を持って、相手と接する。
❷意識を伸ばし広げたままで、相手と動いてみる。
❸相手のパンチや武器、または自己の守りに焦点を当てず、広い意識を保つ。
❹腕をゆったりと広げ、相手の攻撃を拾う。
❺打たれてもいいから意識を大きく保ち、身体を空間に移動しながら攻撃に合わせる。

# 第8章

# システマ 戦闘術・非戦闘術

# システマの殴打哲学

「水のことを説明しても実際には濡れないし、火をうまく説明しても実際には熱くならない。本当の水、本物の火に直に触ってみなければ、はっきりと悟ることができない」

（沢庵和尚）

普段から喧嘩三昧の暮らしでもしてない限り、普通は人を簡単に殴れるものではない。形を綺麗にこなしても、サンドバッグを何度叩いても、実際に人を叩く感触は学べない。グローブを着けて打ち合いをいくら経験しても、人体を素手で殴るのとは全く感触が違う。素手で感触を養わずに、どうやって路上で護身ができるのか？

通常の武術では当てない練習をするから、打撃そのものではなく、自分の先入観で反応する。だから常に、打つ打たれるが恐怖感として存在する。

肌身で体験する感覚は微妙であり、言葉で説明できないものが多い。修羅場をくぐった武道家が強いのは、この点にある。殴り、殴られ、蹴り、蹴られ、投げ、投げられて、初めてそれらの本質が理解できる。このプロセスを怠ると、架空の防御で止まってしまう。

実際に人を殴り、人を殴るとはどういうことかを知る。グローブを使えばクッションがあるから、相手のことも自分の手にも気を配らず、力任せに殴り合う嘘の世界になる。

ただ感情任せに拳を振り回せばいいというものではない。素手を使えば、指や手首などを痛めやすいから、打ち方の正確さが重要になる。

手をどのように相手の身体に当てれば、どんな効果が出るか？　どのように相手の体に浸透させ、影響を与えるかを学ぶ。グローブでは到底養えない感覚である。

素手で相手の身体を的確に捉え、動かすことができれば、グローブを使ってもグローブに頼らない身体や拳のパワーが内部から出るのだ。

## 格闘パンチ

▼ノックアウト狙い、ダイナミックで勝負志向。
▼相手を痛めつけ、ダメージを与える。ルールやグローブに守られているから、思いっきり打てる。
▼相手がどうなっても構わない。制御するのはレフェリー。
▼身体を固まらせて防御し、腕や足腰を固まらせて威力を出そうとする打撃。
▼拳はグローブに覆われて制限される。頭、肘、膝などでの打撃は制限される。
▼背後や急所を打てない。打撃箇所に制限がある。

## 路上打撃

▼打撃にこだわらない制御志向。
▼相手の意図を挫き、身体を崩し、戦意を喪失させる打撃。
▼レフェリーもいなければ、ルールもない。
▼自己や周りの人の身を守るのが先決。相手を打つのは脱出する手段。
▼緩みながら相手の攻撃を退け、緩んだ重みを使って打つ。
▼身体のあるゆる部分を使う。制限なし。
▼打つ箇所に制限なし。自己のコントロールがあるのみ。

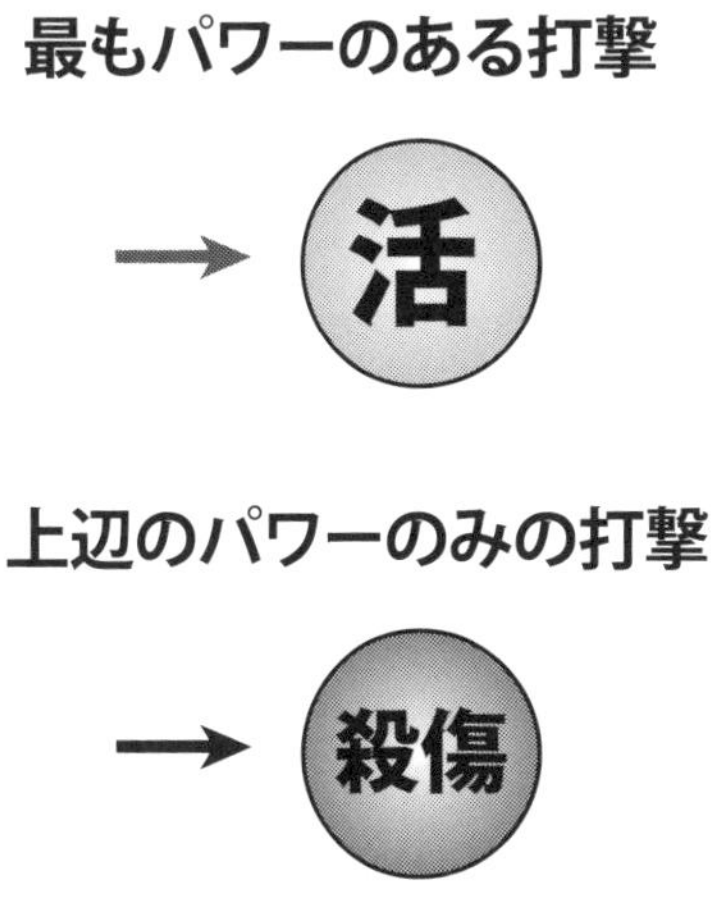


何のために殴るのか？

相手を何のために殴るのか？　傷つけるためか？　殴って相手に何を伝えたいのか？　相手はおそらく危害を加える意図で向かってくる。同じ反応をすれば、喧嘩両成敗と言われるように、相手のレベルに自分を下げるだけだ。相手の悪意を摘み取るような打ち方を学ぶのが、システマの奥義である。

相手を打って痛めつけて終わりとは限らない。後で、刃物を持ってお返しにくるという話もよくある。通常の打ち方では暴力と変わらず、相手に憎悪の念を残すような打撃になる。現代システマの打撃は進化したもので、相手を壊すのではなく制御するものだ。

さらに、痛みを感じない異常な人間もいれば、痛みを好んで興奮するイカれた者もいる。実際に、人の身体を打って崩すことを学ばないと、人の身体をどう制御できるかわからない。

痛みは耐えられても、身体を崩されれば脆くなる。人体を打つ練習を積めば、痛めるためのものでないことが明らかになる。殴る感触を味わって、初めて人を傷つけることの意味がわかってくる。人を傷つけずに殴ることの重要さもわかってくる。この点は、己を知る上で非常に重要だ。

# 活人打拳
## ─ システマの奥義 ─

「絨毯《じゅうたん》を叩くのは絨毯自体に対してではなく、中に溜まった埃に対してである」
（ルーミー）

宮本武蔵は60戦無敗と言われるから、数十人は楽に殺しているだろう。彼の時代では、人を道端で斬って、そのまま咎めも受けずに立ち去れたようだ。現代では、通り魔か轢き逃げのようなものになる。いずれにせよ、許されないし罪に問われる。相手を殺すのでなければ、何を目的で殴ったり蹴ったりするのか、考える必要がある。

レベルが低ければ低いほど、相手を痛めつけることで制御する。喧嘩で乱暴に殴る、蹴る、骨を折るといった殺傷制御である。そんな技術はトレーニングする必要はないし、するのもかえって危険である。暴力が暴力を生むのと同様に、殺傷行為は殺傷行為を生む。

高等武術では、殺傷は最終手段である。相手を制することには、芸術、道徳、理念、哲学、精神、調和など、全てが反映されるものだ。

そう言えば確かに聞こえは良いが、実際に土壇場でそんな立派なことを言っていられる訳がない。そのためにトレーニングを積むのである。己を守り、なおかつ相手を再起不能にしないために、どう打てば効果的に制御できるか。一歩間違えば人を傷つける技術であるから、その使い方を高等な意識を持ってしっかり学ぶ義務がある。人間として必要なことである。

それにはまず、相手の体に触れることから学ぶ。殴ることを減算していけば、押すことになり、触れることから始まる。単純に言えば、物理的には、触れるという行為に速度と重量を加算したものがパンチである。そこに余計な考えや感情は入れない。

**❶拳を軽く握り、相手の体に拳全体で触れる。骨を避け、拳が心地よく収まる場所を見つけ、肘を曲げたまま、手の重みが浸透していくようイメージする。その際、自分の状態を観察する。肩や腰が緩んでいるか、内面が静かであるか。**

**❷接触面にさらに重みを加え、肘を伸ばして相手を押す。肩や足腰の緊張を落としてできるようにする。踏ん張らず、前かがみにならず姿勢を保つ。**

**❸同じ状態で、加速して打つ。解放する感覚。同時に息を吐きながら、体を緩ませる。腕や肩に緊張が残ると、力の伝達にブレーキがかかる。相手の抵抗があっても、無視する。手首はまっすぐに保つ。倒そうとか、打とうと思わない。全て単純作業だと思って、余計な感情や緊張を落とす。**

**❹打つことは、あくまでも触れることの延長であると意識し、その特質を保つ。スピードや威力が上がれ**

ば、その辺りが疎かになるので注意。

❺打つ際に湧き上がる感情は邪魔になるので、心を清掃する。

❻レベルが上がれば、体の表面と奥の内臓を打ち分けたり、打ち方で相手の気分や体勢を変えたりできる。

急所や顔面を強打すれば、繊細な箇所を傷つける。それらに損傷を負わせなくても、軽打で相手の反応を誘い、崩せる。相手に痛みを与えることが目的ではなく、支えている緊張を解して身体を崩すことにあり、相手の意図や気勢を挫くことにある。

そのために、自分の身体は逆に身体構造をしっかり作り、緊張を落とし、悪意をなくすのである。

## 相手を打つガイドライン

▼姿勢に気を配る。前傾せず、まっすぐに。

▼怒り、恐れ、疑い、嫌気、挫折などの、否定感情は禁物。

▼相手を傷つけるために打たない。

▼相手の身体の緊張箇所を崩すように打つ。

▼一発で倒そうとしない（すると、力む）。

▼指を折り込んで、拳をしっかり握るのが基本。肩の緊張に注意。

▼拳全面が当たるのが基本。手首のみを固め、前腕の外側のラインをまっすぐに保つ。打った時に手首が曲がると、傷めやすい。

▼打った瞬間に、力を１００％解放する。躊躇や疑惑があると、自分に抵抗が戻ってくる。

▼相手の骨は避ける。練習では関節も折らないように当てる。

▼相手の筋肉を解すように打つことで、力を奪う。

▼打ち方によって間接的にどの部分が崩れるかを研究する。

# 殴られる
## ―武術を学ぶ必須条件―

「打たれると痛い、これは理の当然。しかし打たれまいとすると、五体に硬さが出て余計ガタガタする。打たれまいと凝り固まった姿勢ほど、脆いものはない。打つなら打て、打たれて結構、いやもう一歩進んで打ってもらおうと五体の力を抜いた時、いい姿勢ができる。この心境を得た時、難しく禅などと言わなくても自ずと道が開ける」（漫画『巨人の星』大リーグボールより）

あなたは、人に叩かれたり殴られたりしても平気でいられるか？

真の自分は不動で平常だ。感情で揺れるのは、そこから遠ざかった自分である。まず打たれることから始め、己を学ぶ。捌くとか、かわすことの処理をする前に、打たれてみることである。抵抗し防御すれば、相手の攻撃を否定することになる。否定からは理解は生まれない。

何を捌き、かわすのかを理解しなければ、効果的に対処することはできない。当たりもしないものを避ける必要はないし、弱い力から逃げるのも無駄な動きとなる。

だから、何がどんな重さや、速度、タイミングで当たってくるのかを学び、どんな感触かを知るのだ。打たれて初めて、何を対処しようとしているかがわかるのである。

さらに、打たれた時の自分の反応を観察する。余計な感情や、不安、緊張などを落としていく、最も重要な作業だ。殴られて感情に囚われると、相手に弱点をさらけ出すことになる。

であるから、殴られることを学び、そんな反応や気質を変えていく。トレーニングは、実際にこれらの否定的な体験を肯定的に転換する作業である。

最初はゆっくりと、実際に身体で受けて感じる。拳や武器によって痛みの質が違うし、打たれる場所によって痛みの感覚も違う。体が緊張していれば、苦痛は倍増する。呼吸とともに、打たれる箇所を緩ませる。緩むことで痛みを和らげ、痛みに同調する。痛みと分離するから痛い。苦痛は全て精神的なもので、物質的には存在しない。

昔は、脚や腕を麻酔なしで切断したらしいし、火の中に手足を入れて平気な人の話なども聞くことがある。現代社会でそこまで実行するには余程の精神力がいるだろうが、少々打たれるぐらいの痛みは何でもないはずだ。それがわかって初めて、恐怖感が静まり、自然な逃れ方がわかってくる。

**❶練習相手に、顔面や胴体を拳で触れてもらう。軽いタッチで触れてもらい、その時の感覚、自分の気持ちを観察する。呼吸を使って身体を緩ませ、リラックスする。心地よく受け入れてみよう。**

**❷慣れたら圧力を加え、押してもらう。押されるままに身体を緩ませ、自然に押された方向に身体を緩める。抵抗がないように動く。一歩ステップを取ったり、押された箇所だけを独立して動かす。**

**❸押しを、拳や掌に替え、体や顔面を軽く打ってもらう。反応して抵抗せずに、相手の圧力を吸い込むように打たれる箇所を緩めたり、逸らして逃がす（「柔体VS硬体」の項、参照）。**

**❹さらにスピードを上げて打ってもらい、体の緩め方を研究する。避ける動きではないから、注意する。あくまでも、打たれて身体を緩ませる。要は、身体が受ける衝撃を最小限にするように身体を緩める（「胴体意識のパワー」の項、参照）。**

殴られないで、人を殴ることはできない。人間が持つ共感の働きによって、自分が受けられる程度でしか、他人を遠慮なく効果的に打つことはできない。遠慮は、人を傷つける怖さや効果の疑いからくる。また、思いやりに欠ける人も遠慮なく打てるが、そんな者は破壊的で、システマの求めるものではない。だから、まず打たれることを学ぶ。それから、健全と人を打つことを学ぶ。

## 打たれる際のポイント

▼恐怖感から、息を止め、身体を固めるのが普通の反応だが、それが痛みや衝撃を増す。胸から始め、慣れたら腹を打たれる。

▼打たれる際に息を短く吐き、打たれる箇所、そして身体全体を緩める。入ってくるエネルギーを下方に逃がす。呼吸と緩みが鍵だ。

▼身体を適度に緩めれば、苦痛が和らぐことがわかる。そうして、徐々に強いパンチを受けられるようになる。大事なのは、怖さが減少し、緊張がほぐれることだ。

▼身体を固めて耐えたり、我慢するのとは全く違うことを理解する。リラックスする方が遥かに楽であることを、身体で体験する。

▼顔面も基本的に同じ。凸凹や骨ばった部分が多いが、パンチと同じ方向に顔を緩め、衝撃を逃す。

打たれるリアルな感触を知り、心身の反応をよく観察する。すると恐怖心が静まってくる。

殴られないように練習するのが、一般武道の常識であるが、システマは殴られることを練習する。抵抗して自分を守るという常識をひっくり返し、その全く逆をやってみる。それを楽しめるような自分を探し出す。そこにパワーがある。

相手を倒すために練習する前に、自分が打たれて、倒れて、そこで自分の心身の状態を研究し、何ができるかを探るのが、始点であり回帰点である。

# 攻防一体

## ―システマの打撃・蹴撃コンセプト―

「走りながら、飛びながら打つんだ、動かないで打つなら誰にでもできるぞ!」（漫画『サスケ』より）

「システマの攻撃法は何だ?」とよく問われる。侵略や決闘を基本としなければ、攻撃する理由はない。武士、兵士、格闘競技者、犯罪者などでない限り、善良な市民は人を攻撃しない。しかし、争いに巻き込まれた際は、相手を処理しなければならない。であるから、相手を攻めることを学び、防衛の一環として使うことは必要である。

システマは、攻防一体である。防御してから攻めるのではなく、同時に起こるので、攻めることを分けて考えない。相手の力や動きに繋がって、無為的に出るものである。決まった打撃法を状況に当てはめるのでは、どうしても無理が生じる。であるから逆に、その瞬間に見合った打撃を打つ。具体的なコンセプトをいくつか紹介する。

## 歩き打ちの原理（ステップ&ヒット）

一対一の「フェア」な格闘でなければ、止まって攻撃することは危険である。常に相手の攻撃をかわしながらカウンターする。だから、ブロックせずに動き続けろと言う。打撃もステップしながら打つ。

ボクシングの打ち合いのような状態になると、足が止まる。足が止まれば、刃物や複数相手には対処できない。相手が一人でも、大きな相手や強い者との真っ向勝負は避けたい。捕まらないように打つ。

格闘競技になると、動きながら打つことが自由にできない。ルール上、背後から打てないし、グローブにも限定されるから、拳の前面で争うことになる。必然的に正面から打つことになり、動きが止まりやすい。システマでは基本的にＮＧである。

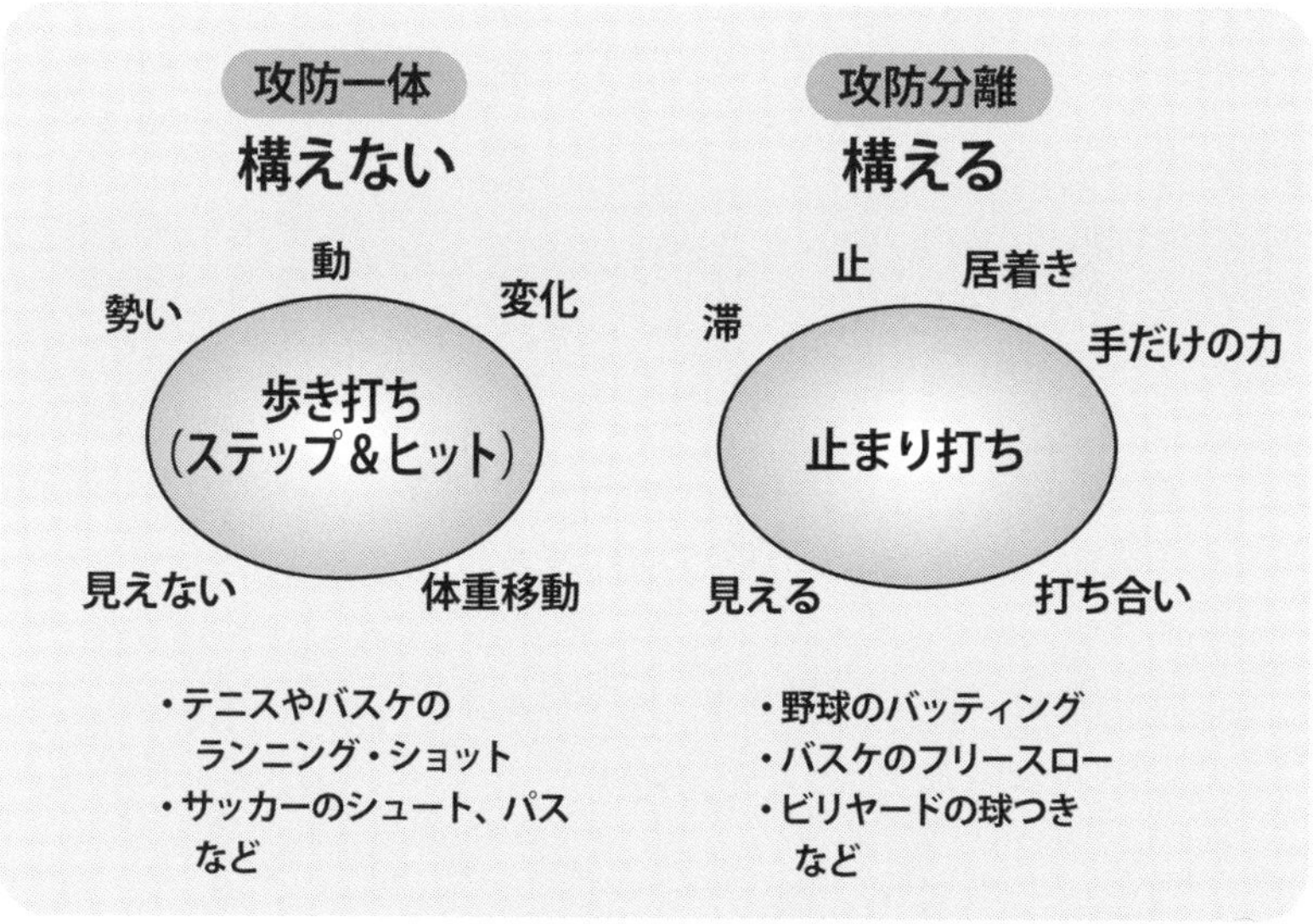


システマの打撃法は「歩き打ち」である。

ステップしながら打てば、瞬間ごとに体勢も位置も変化し、相手との関係が常に変化する。であるから、狙って打つのではなく、瞬間ごとに用意された箇所を打つ。拳であったり、掌であったり、手刀、肘、肩、膝、踵、足裏、何でもその瞬間に適切なものを使うだけだ。ボクシングのように、ジャブを使ってKOパンチをセットアップするなどという戦略もない。

## 体重移動の打撃パワー

歩き打ちは、ステップすることでパンチに体重が乗る。体重移動の勢いがあり、威力がある。居着かないので、常に相手をかわしながら打つ、攻防一体だ。自然な歩行を使うので、相手からも読まれにくい。格闘打撃のように手足を用意させると、相手にわかってしまう。

蹴りも、基本的には体重移動であり、ステップそのものが蹴りとなる。だから特定の蹴りを出すために固まることなく、歩くように自然に足を出す。蹴ろうとしない。上手く当たらなくても、歩行の一部として歩き続け、次の動きに繋げる。

打撃系武術では、引き戻すジャブのような蹴りがある。競技にはいいが、威力に欠け、不自然な体勢になる。腰下を緩め、地面を踏むように蹴ることがポイントだ。

## 鉄球と鎖

建物に鉄球をぶつけて壊す方法があるが、その際、固定されたクレーン車と鉄球の間を鎖で繋ぐことによって、強大なエネルギーを生じさせる。仮に鎖が固定された棒のように張っていれば、そこでブレーキがかかり、威力が半減する。クレーンに直接鉄球が繋がっていたら、クレーン車の腕自体が固定されているので、スピードも出せないし、力も勢いも出ない。

パンチを出す時の腕も同じである。拳を鉄球と考え、繋がった鎖を腕と考える。鎖の逆側は肩であり、胴体に繋がっている。

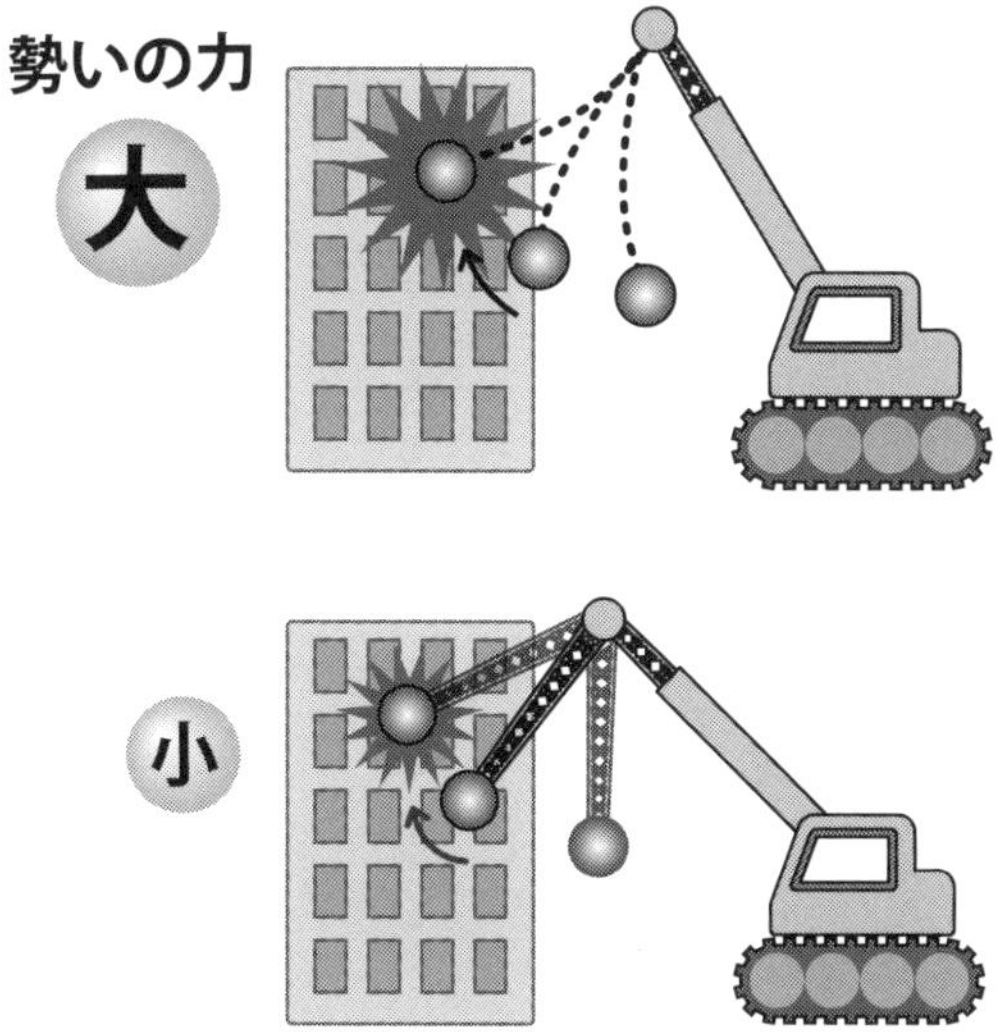


鎖で繋がれた鉄球は、その重みが減じることなくフルに伝わる。

鎖（腕）にテンションがあれば、それはブレーキになる。だから、相手を拳で打つ場合、肩や腕を脱力しなければならない。拳は当たる箇所だから、鉄球のように固める。そしてその球に体重が乗るように、しかもどこにも引っかからないように、打つ瞬間に力を放つ。

## 先の先、後の先

相手を打つタイミングは、様々である。不意に襲われれば、相手の先をつくことは無理だ。どうしても後手に回る。大半の護身はそうなるので、後手の体勢から打てるような身体構造を作らねばならない。

路上で先を取るには、第六感的なものを要する。相手が戦う意思もないのに先に打っても、こっちが仕掛けたようなことになる。だからといって待つと遅れが生じ、適切に反応ができない。

であるから、全てのタイミングを学ぶ必要がある。そこで、相手と同調することが重要になる。そこから

相手が打つと同時にステップしてかわし、次のステップで打ち返す。

相手が打つと同時にステップして、かわしながら打つ。

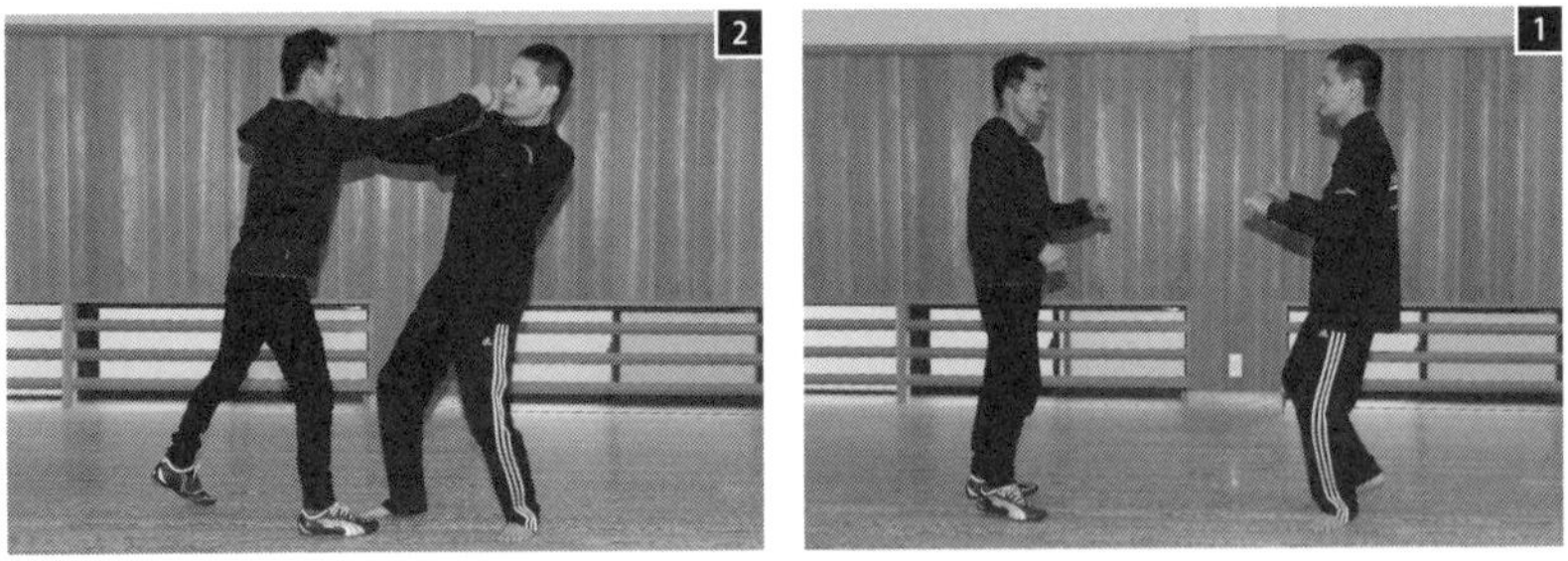


相手が打つ動きの起動と同時に打つ。

相手の打つ意図を打つ。

タイミングを、前や後へずらす。ある特定のタイミングだけ掴もうとすると、焦りや緊張が生じ、歯車が合わなくなる。同調することで心地よく自然に緩みながら、タイミングだけを調整する。

## 打撃の原点 ～マッサージ

システマの打撃は、マッサージの延長であると考える。マッサージも、手足で触れて筋肉を押したり、時には叩いたりして、相手を癒し、矯正することであり、双方に違いはない。

打つ者に否定的感情があれば、癒すことはできない。マッサージ師が怒ったり怯えたりして、人の体を正しく整えられるわけがない。だから内面を綺麗にして、温かい心で打つ。攻撃されて、実際に温かい内面を持てるかどうかは、あなた次第である。それが修練だ。

マッサージであるから、ただ当たればいいものとは違う。当ててどのように相手の身体を解し、無力にす

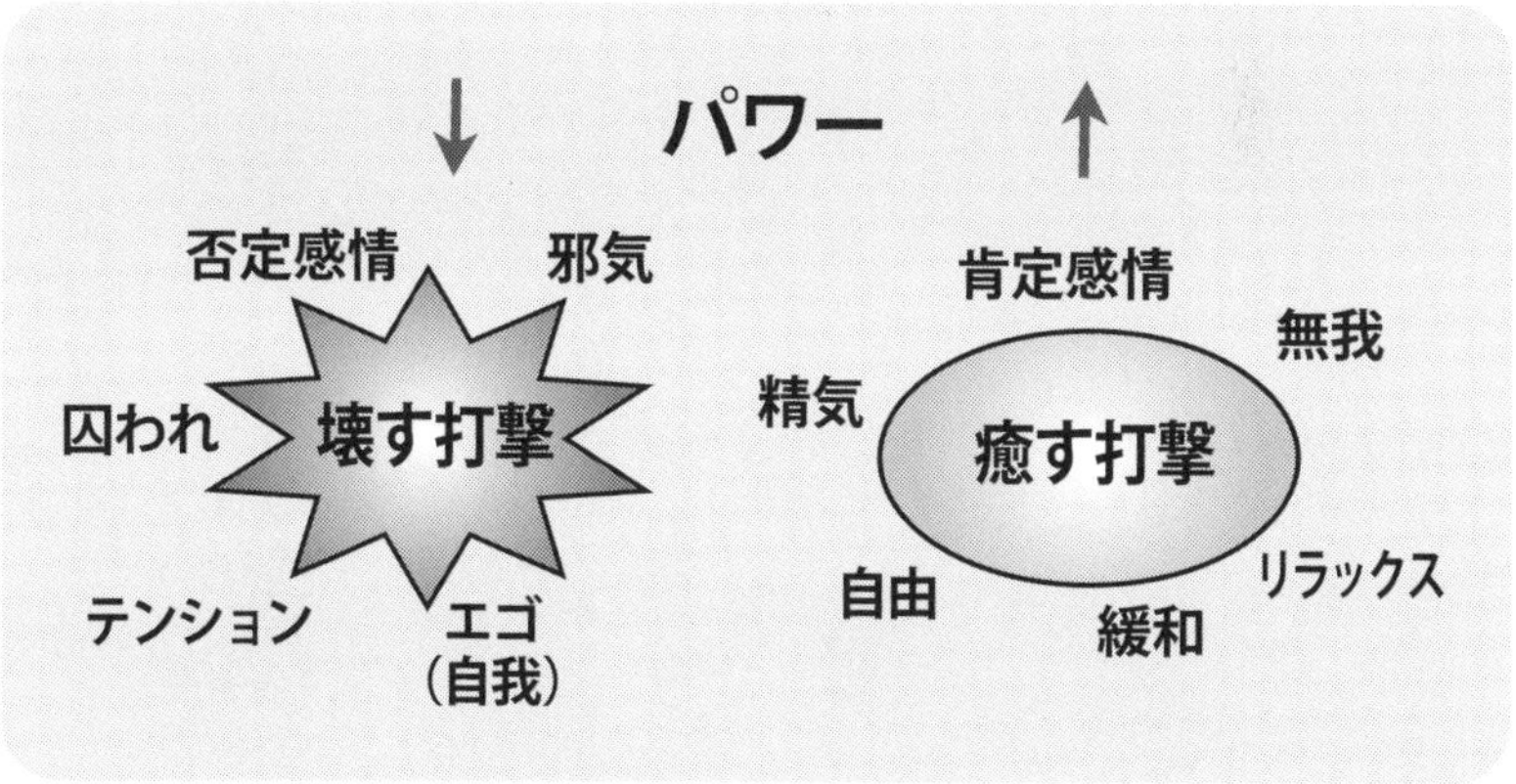


打撃はマッサージの延長だ。

るかが問題だ。拳の握りや、角度、当てる方向、強度、深度、速度、体内の狙う箇所などによって、相手を緩めたり、崩したり、浮かせたり、活を入れたり、様々である。

温かい心で打つのは、人道的な理由だけでなく、物理的にも威力が遥かに高くなることに注目する。硬く接すれば、エネルギーの伝達に歯止めがかかる。心を和ませることは、その歯止めを取って相手に活を入れるようなものだ。

## 変幻自在の打撃

打撃を自由に使うには、手足だけでなくあらゆる箇所が自由自在で、どんな打ち方でも、どこからでも出せるようにしたい。頭、拳、指、手刀、掌、手首、前腕、肘、肩、胸、腰、膝、足などの体武器は様々な形で使える。

拳、肘、膝、足などは4面使えるし、角度は360度ある。さらに、振り方も長短あり、相当の数の種類の打撃が生まれる。それらを組み合わせ、連動させれば、脳が認識できない膨大な情報量となる。

それらを可能にするのが、8の字の螺旋動作である。限りなく繋げられる動きであり、途切れず流れる。剣術や棒術の動きにも使われるが、打ち続けることができ、相手にカウンターする隙を与えない。これを素手でもやるのがシステマだ。

もう一つは、次項の多撃、短打コンセプトを使うことで、上記の身体の箇所や角度を変えながら打てる。打ったところから戻らず、次々に打撃を出すことが可能だ。相手にカウンターするタイミングを与えない。

## 跳ね打ち

例えば、正拳で打って、戻して、また正拳では、ありふれた攻撃で読まれやすい。競技ではスピード勝負になる。しかし、変幻自在に打撃を使えれば、❶正拳から、❷ハンマー拳で横打ちして、❸返して手刀で打つなど、手の形と角度を変えて、跳ぶように使える。

この場合、❷の横打ちは相手のカウンターのカットにも繋がり、攻防一体である。

感覚的には、ピンボールやビリヤードの球の動きのようだ。壁に当たると即、跳ね返る。そこに打とうとする試みはない。独りでに発射するような感覚だ。

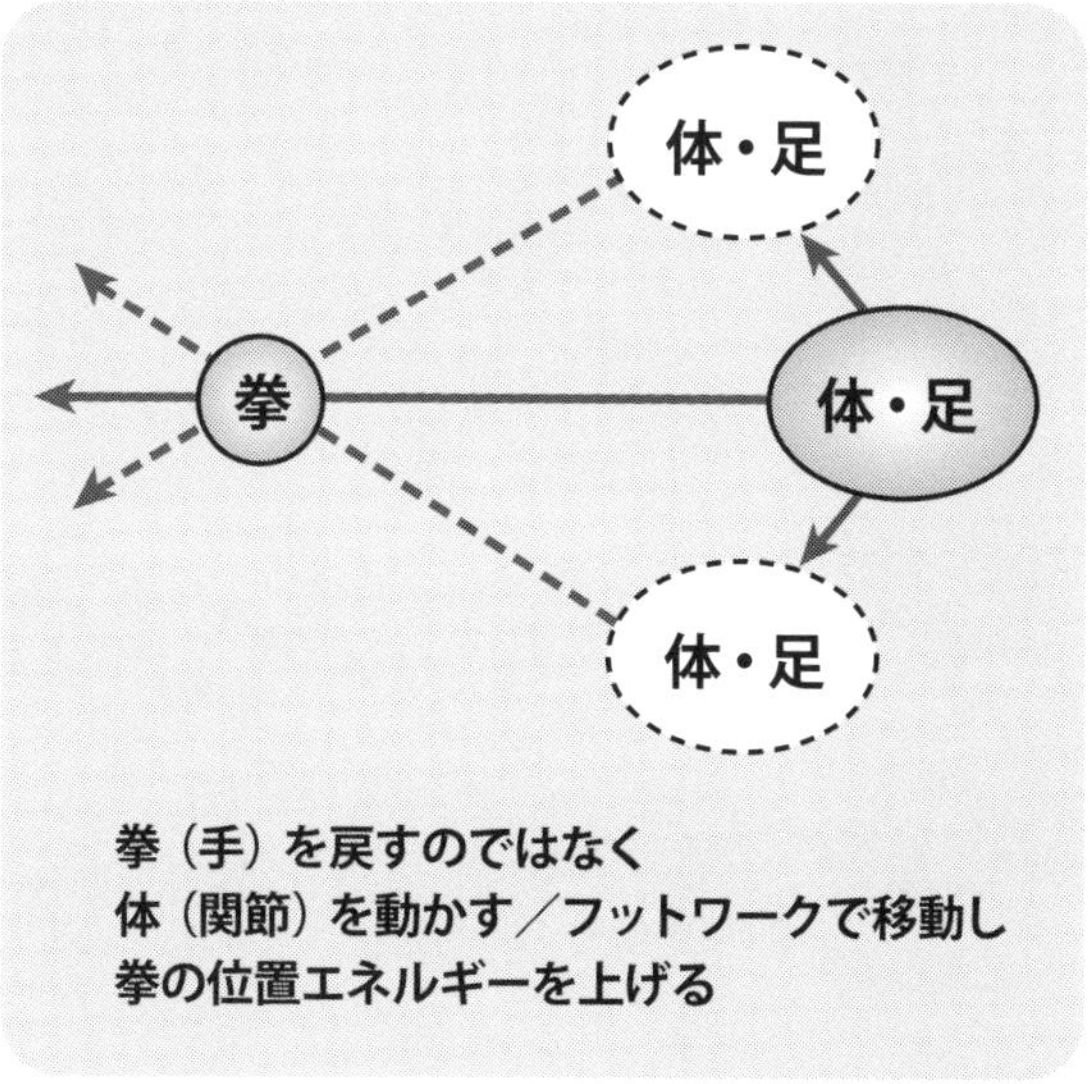
体・足
拳
体・足
体・足
拳（手）を戻すのではなく
体（関節）を動かす／フットワークで移動し
拳の位置エネルギーを上げる

## 跳ね打ちの例 〜ナイフ攻撃

次ページ写真「跳ね打ちの例1」を解説する。

**❶相手がナイフで刺してくる。**
**❷手で攻撃を払い落とし、それが跳ねて横ハンマー打ちを顔面に。**
**❸それが返って胸に落拳、その間、左手でナイフ手を返す。**
**❹右膝でナイフ解除、その足が跳ねて相手の左膝を崩す。という具合に動作は継続する。**

185ページ写真「跳ね打ちの例2」を解説する。

**❶腹部から顎へ、左拳が跳打。**
**❷右拳も、腹部から返して肘打ち。**
**❸左手で相手の首を掴んで、右でハンマー拳を落とす。**
**❹その反動で右膝が顔面に跳ぶ。**
**❺続けて、左肘と左膝を流れるように跳ばす。**

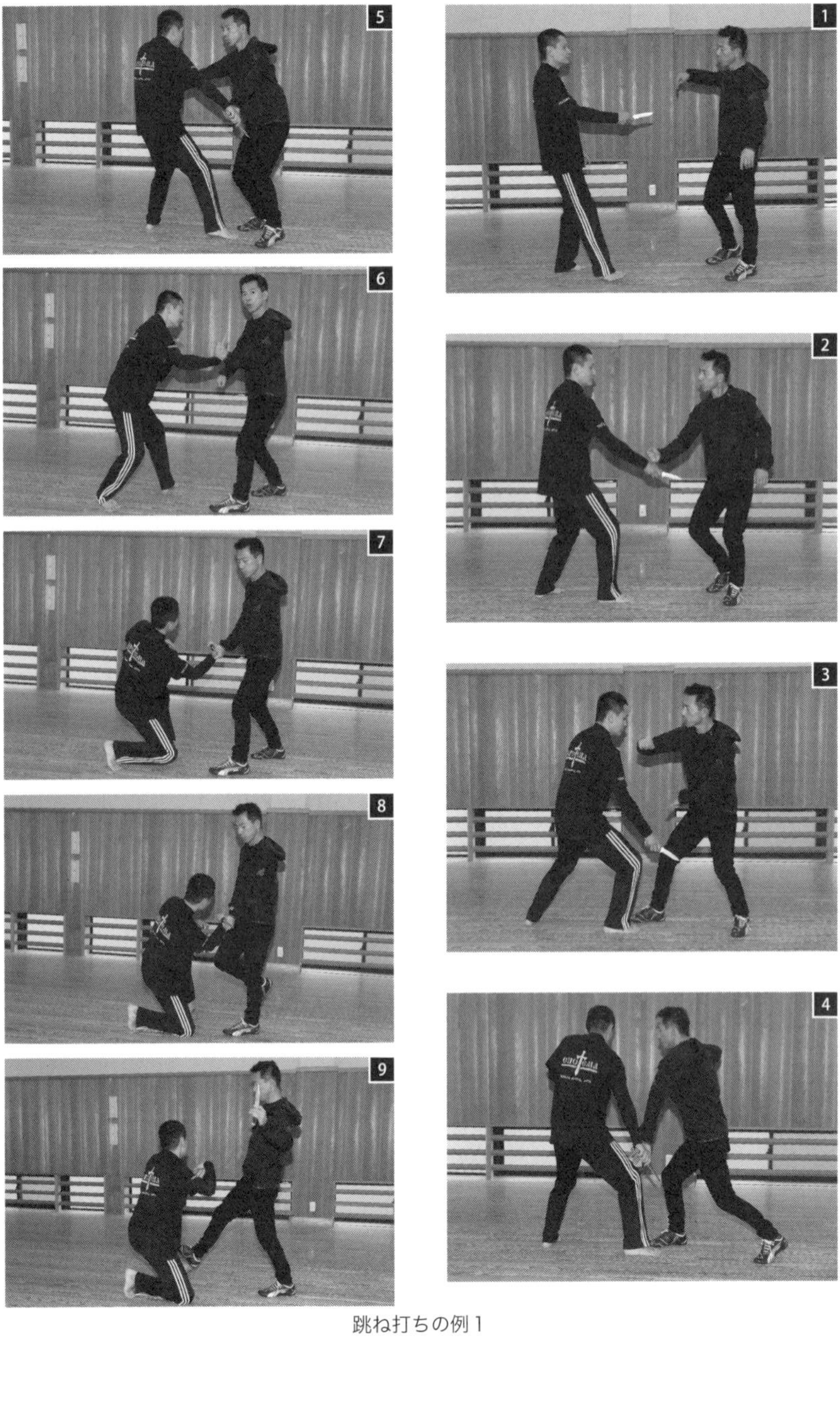


跳ね打ちの例1

跳ね打ちの例2

## 「一撃必殺」対「多撃制御」

「殴られることは必要な作業だ。殴るだけのヒーローはお伽話にしか存在しない。(武術では)人はいつも打たれる。だから、適切な呼吸と回復法を知ることが不可欠だ。正しい呼吸は、自分のパワーを復興する」

(ミカエル・リャブコ)

ロシア武術の攻撃は一発勝負ではなく、多撃制御を背景に置く。野球に例えると、ホームランを狙うのではなく安打を繋げていく感覚だ。出塁すれば、そこから攻撃は続行する。同様に、打撃は戻らずに打ったところからさらに進行する。格闘技的な打撃だと、打った拳は戻ってリセットし、また発射するというパターンであり、相手も同じことをするからパンチの交換状態になる。システマは打ち合わない。

一発に賭けると攻防が限定されるし、環境上、一発が出せるとは限らない。また、外されれば後がない。相手の攻撃を適切に見切れば、相手が射程圏内に飛び込んでくる。あとは自分の体武器を当てるだけで、打撃も崩しも短くコンパクトに繋げ、外されても足腰を真下に保ち、整姿体を保つ。相手を追い回したり、体を伸ばして打つ必要はない。

打って相手にかわされても、リセットせずにそのまま次の打撃に繋げていける。だからステップが重要になる。バランスを整えてから打つのでは、動きが無駄で、打ち合いになる。バランスを取る動きを利用して、打つのである。

一度相手を崩したなら、体勢を立て直す機会を与えないように制していく。相手の攻撃を先で遮断したり、途中で拾ったり、後で制したり様々だが、全ては攻防一体の中で行う。

### 短操法

通常見られる、腕の長さを使った打ち方が長打である。それはそれで有効であるが、護身を考えるなら短打も必要だ。多数の相手に囲まれたり、いきなり襲われると、接近戦を避けられない。そうなれば長打だけでは制限される。

ボクシング的なパンチは、近距離でも長打が多い。グローブが邪魔で短打に威力がないし、肘も使えないのでそうなる。路上では身体のこなし方を学べば、体の違う箇所を使って短く効果的に打つことができる。

長打を打つために距離を開けると、その動きが無駄になるし弱点となる。どんな距離からでも、効果的な打撃を出せることが大事だ。長短打の使い分けができれば、距離や間合いが関係なくなる。

近距離では、肘、膝、頭は最も使用しやすい箇所であり、威力は拳や足より高い。拳も使い方を工夫すれば、威力のある短打撃となる。つまり、胴体の緩みと動きを利用して、間合いや角度を調節すれば、相手にも見えず読まれにくい短打となり、強大なパワーを生む（「胴体意識のパワー」の項、参照）。

接近戦で短打を効果的に使う、短操法の例。

拳の後に即、肘をフォローすれば、見えない動きとなる。拳に隠れて肘は見えないし、予測するのもかわすのも困難だ。拳↓肘↓拳のように隣の関節へ打撃を繋げたり、その動きで相手の操作をすれば、攻撃の距離は短く(見えにくい)、数は倍増する。拳でパンチを3発出す間に、短打撃ならその倍は楽に出せる。

　接近距離で短く打つには、体の使い方を工夫する必要がある。

**▼拳や足の攻撃は、胴体の緩みからくる間合いの調整で短打にもなる。**

**▼リセットしない。どの箇所を使っても、その瞬間にある位置から出す。**

**▼身体をリラックスし、滑らかに打撃を繋げないと、ぶつかる。**

**▼体のあらゆる箇所に意識を持ち、使えるようにする。**

**▼距離が短かいからといって、止まって打たない。ステップは重要である。**

**▼複数対応では、かわすと同時に打たないと間に合わないので、必然的に短い動きが必要だ。**

# システマ式武器処理
## ― 防御動作の基礎トレーニング ―

「善く敵に勝つ者は、争わず」（老子）

### 武器の処理

日本では、銃はヤクザと警察が持つぐらいで、一般人には今のところ関係ないだろう。だが、刃物は誰でも持てるし、バットや棍棒のような棒状の武器もあり、処理しにくい。しかし、どんな武器でも扱うのは人であり、扱い方や動作の本質は同じである。

　武器を処理するには、刃物や棒にまず身体で馴染み、違和感やそれに伴う緊張を減少していくことから始める。身体に武器を実際に当て、マッサージするような感覚で感触を学び、当たった場合の緩め方、動かし方などを探求する。骨は避け、柔らかい筋肉で受けることでダメージを下げ、呼吸を使ってリラックスする。

武器の処理法は防御動作の基本だ。素手ならぶつかってもいいが、武器はそうはいかない。体をかわすことが先決であり、細かな体の動かし方が要求される。不意に襲われ、ナイフが既に腹に届きそうな時、手でブロックしようとしても間に合わない。そんな土壇場では、標的である部分をまず動かす以外に道はない（「胴体意識のパワー」の項、参照）。

接近距離では、標的部を刃が動く方向と同方向に動かすことで、危険回避する。抵抗しないように動けば、刃先が身体に届いてもダメージを最小限に抑えることが可能である。

このように、身体のあらゆる箇所を反射的に分離して動かせるようにトレーニングすることが重要。身体を動かすことが身についていれば、サバイバル率が上

ナイフの標的である腹を動かして回避した例。

がる（「柔体VS硬体」の項、参照）。

## 武器対応でのポイント

### ▼手のブロック

手で相手の攻撃をブロックできるとは限らない。ミスしたら、もろに刺される。手だけに頼る防御は危険だ。

### ▼ステップ

相手の攻撃と同時にステップし、攻撃線から体を外す。

### ▼身体の細分化

緩んで攻撃の方向に刺される箇所を凹ませる動きを使い、刃をかわす。タイミング、強度、角度など、様々な要素によって動き方を工夫する。路上では、いかにダメージを最小限にするかがポイント。

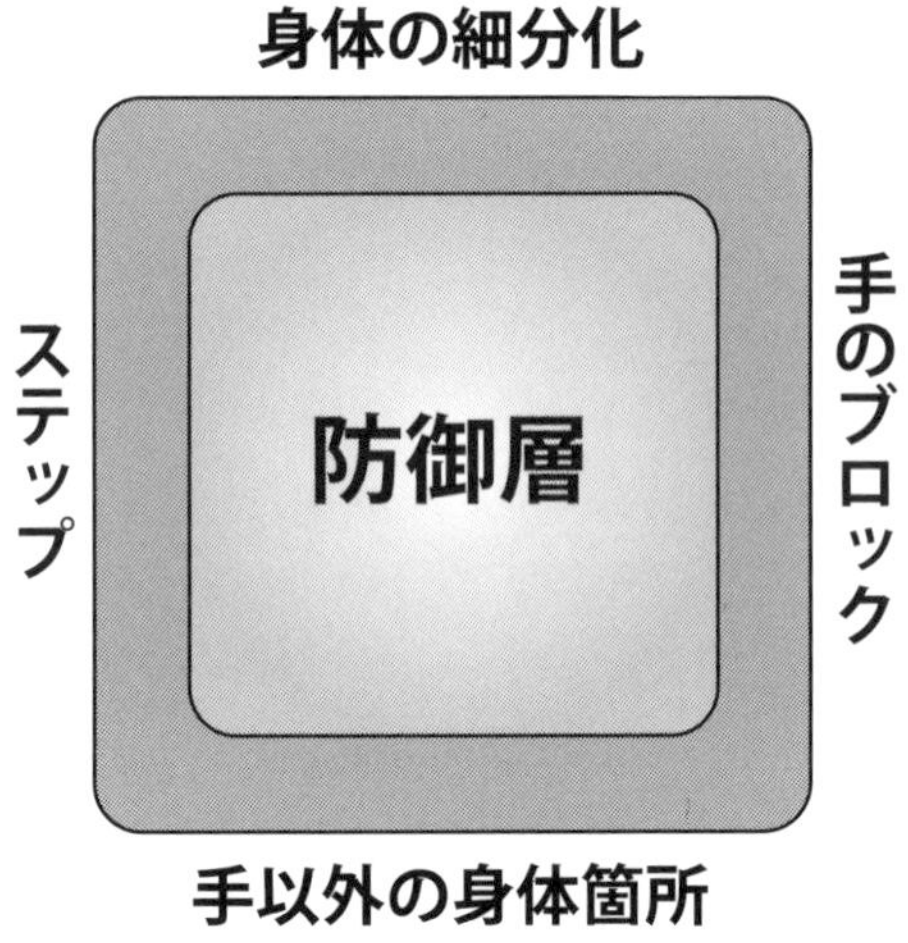


武器の対応では、複数の防御要素を組み合わせることが特に重要だ。

### ▼手以外の身体箇所

肘、肩、胸、膝、足、背など、あらゆる箇所を使い分けることで、手だけに頼らずに相手の攻撃を封じる。

※上記の防御要素を同時に組み合わせて使うことで、防御層を強化し、攻防一体にする。例えば、ステップして攻撃を外しながら体を細分化して緩め、手を使って相手の腕を制御する。全て一挙動でできるようにする。

拳や凶器が飛んでくれば、反射的にそこに目がいく。しかし、集中するから、吸い付くように次の瞬間には武器の餌食になる。呼び込んでしまうのである。人は、集中する対象に引き寄せられる。だから「武器を見るな」という。

相手の凶器自体は生き物ではないから、コントロールの対象にならない。それを操る人間を制御しなければならない。恐怖感による武器自体へのフォーカスを、ボカすトレーニングが充分必要である。そして、相手

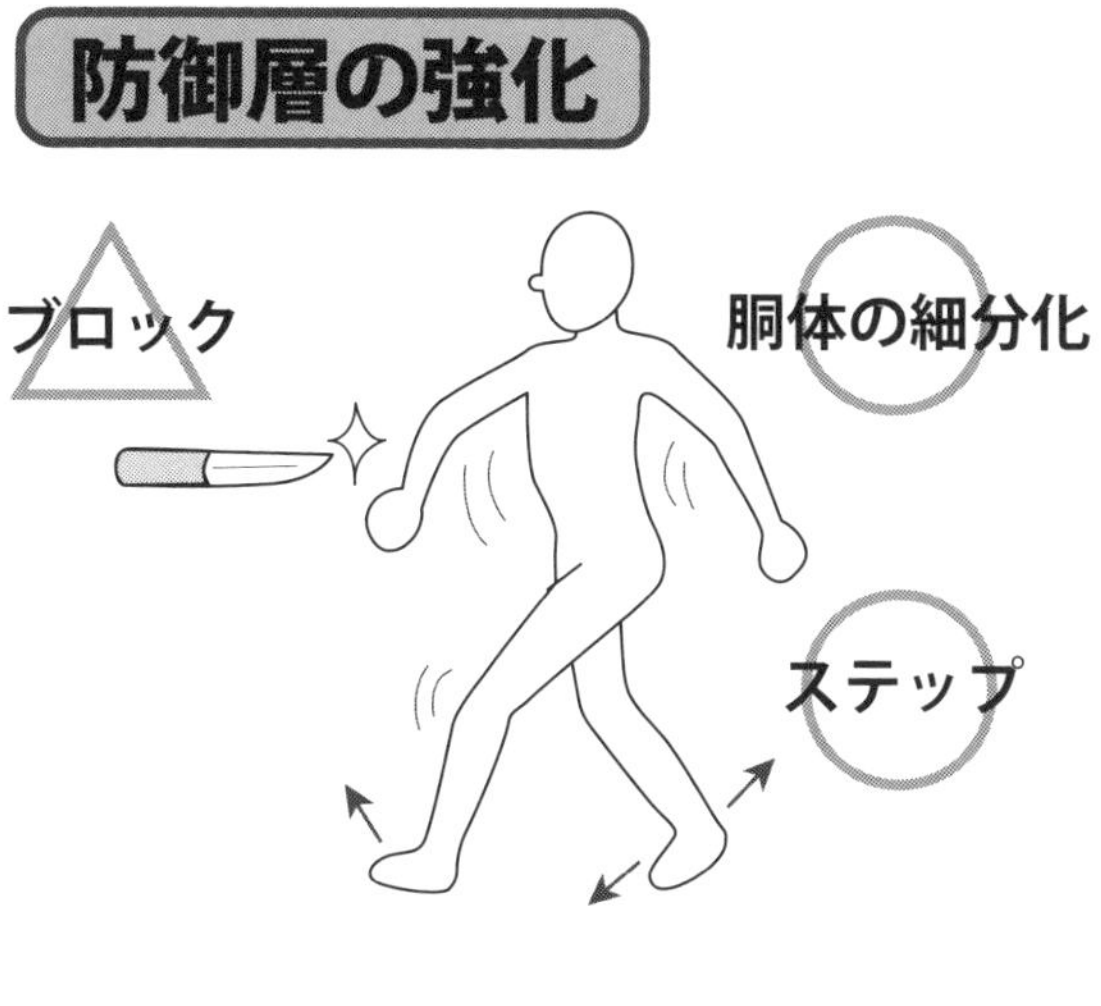


手を使ったブロックだけでは、刃物に対しては不充分である。

相手の武器自体にフォーカスせず、意図、動作、テンションを捉える。

の身体全体の意図、動作や、テンションに焦点を当てる。

## 刃物に囚われるな（武器を見るな）

❶Aはナイフで Bを攻撃。突いたり、切ったり、連続攻撃する。

❷Bはナイフに焦点を当てて、防御する。ナイフの動きに囚われるだろう。特にスピードが上がれば、ナイフを追うのが精一杯で、ナイフに振り回されるのがわかるだろう。

❸Bは焦点をナイフから落とし、フォーカスをソフトにして相手全体を見ながら動く。それがある程度楽にできたら、周りにある物や、起きていることを認識しながら動く。さらにリラックスし、ナイフを追わなくても、行き先が読めるようにする。

❹かわしながら、同時に相手の身体を感じ、緊張箇所や、バランス、利用できる関節など、弱点を認識する。

❺さらに、同時にナイフ二本の攻撃をかわせるように

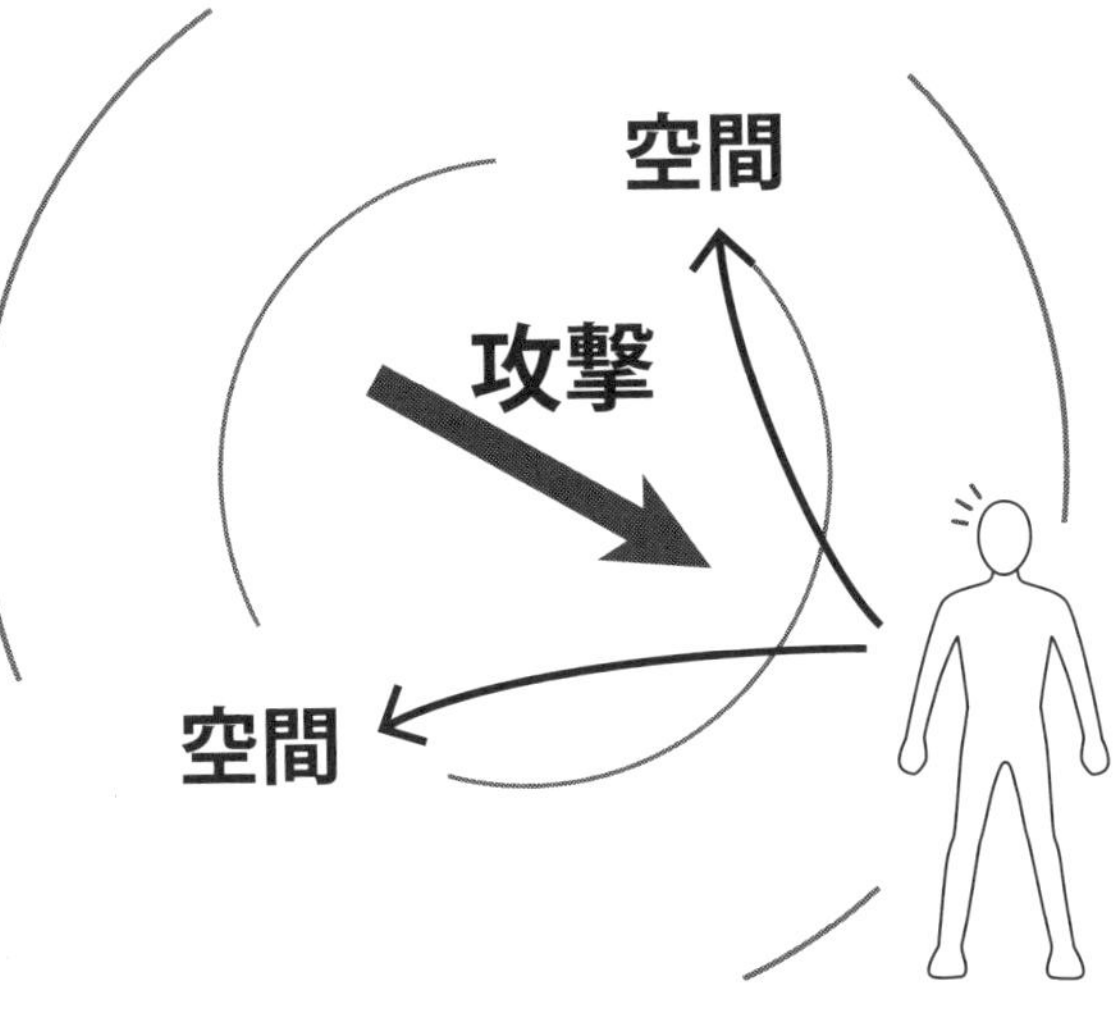


常に安全な空間を見つけて、そこに動く。

**動く。ナイフを見ている余裕がないことを認識する。**

安全な空間に脱出することに、焦点を当てる。常にそこに動く。ナイフの行き先に集中するのではなく、身体を逃す空間に焦点を当てるのだ。武器に囚われながら脱出はできない。

## 多敵処理
### ― システマ戦闘法の基本 ―

「百戦錬磨が技術の最高ではない。戦わずして敵を伏せることだ」
（孫子）

武術が格闘技と異なる物理的な要素は、戦う者同士が同等でない状況にある。両者の差をつける大きな要素の一つは、相手が武器を持っていることであり、もう一つは相手が複数であることだ。また、一対一であっても、相手との体重差がある状況だ（格闘競技は原則、体重別である）。

これらの差を克服するのが武術であり、もし同等の土壌であれば、それは競技と変わらない。であるから、武道の概念、目的、戦闘法、技、動作まで、全ては競技のそれらとは異なったものになる。素手の戦い方だけで武器に対処することは無理であり、一対一の戦い方で、多人数を制することも不可能である。

路上では、相手が一人とは限らない。一対一と複数相手では、戦い方が根本から異なる。相手が増えれば、一対一にはない数々の問題が生じる。そこでシステマは、複数処理を基本とする。

一対一なら、前に相手を置いて戦い、相手に背を向けることは禁物である。しかし、複数に囲まれると、誰かに背を向けることは避けられない。視界に入らない相手が出てくる。背中で相手の動きや位置を感じながら動くことを、学ばなければならない。手足を後ろ

刃物を持った二人に対処する例。

バットや木刀などを持った四人に対処する例。

側に使えるような訓練も要する。

見えない相手がいたり、自分の2倍、3倍の手足の数で攻撃されると、圧倒されパニックに陥る。緩むことを学ぶ重要性が、ここでも浮かび上がる。硬直してしまっては、感じることも動くこともできない。武器の防御と同様に、手足だけでなく体の全ての箇所を総動員する。肩、背中、腹、膝、肘、頭などを細かく使うことで、まるで手が二本ではなく三本も四本もあるように、工夫して使うのだ。

その中でも、足の動きが最も重要になる。躊躇したり優柔不断だったりして足を止めると、相手に捕まる。囲まれたら、相手の間をすり抜ける動きが要求される。一人を相手にすると他の相手に必ず捕まるので、戦いを避ける。常に脱出志向でなければならない。

## 壁際処理

壁際では意識範囲が前半分になり、後ろから攻撃さ

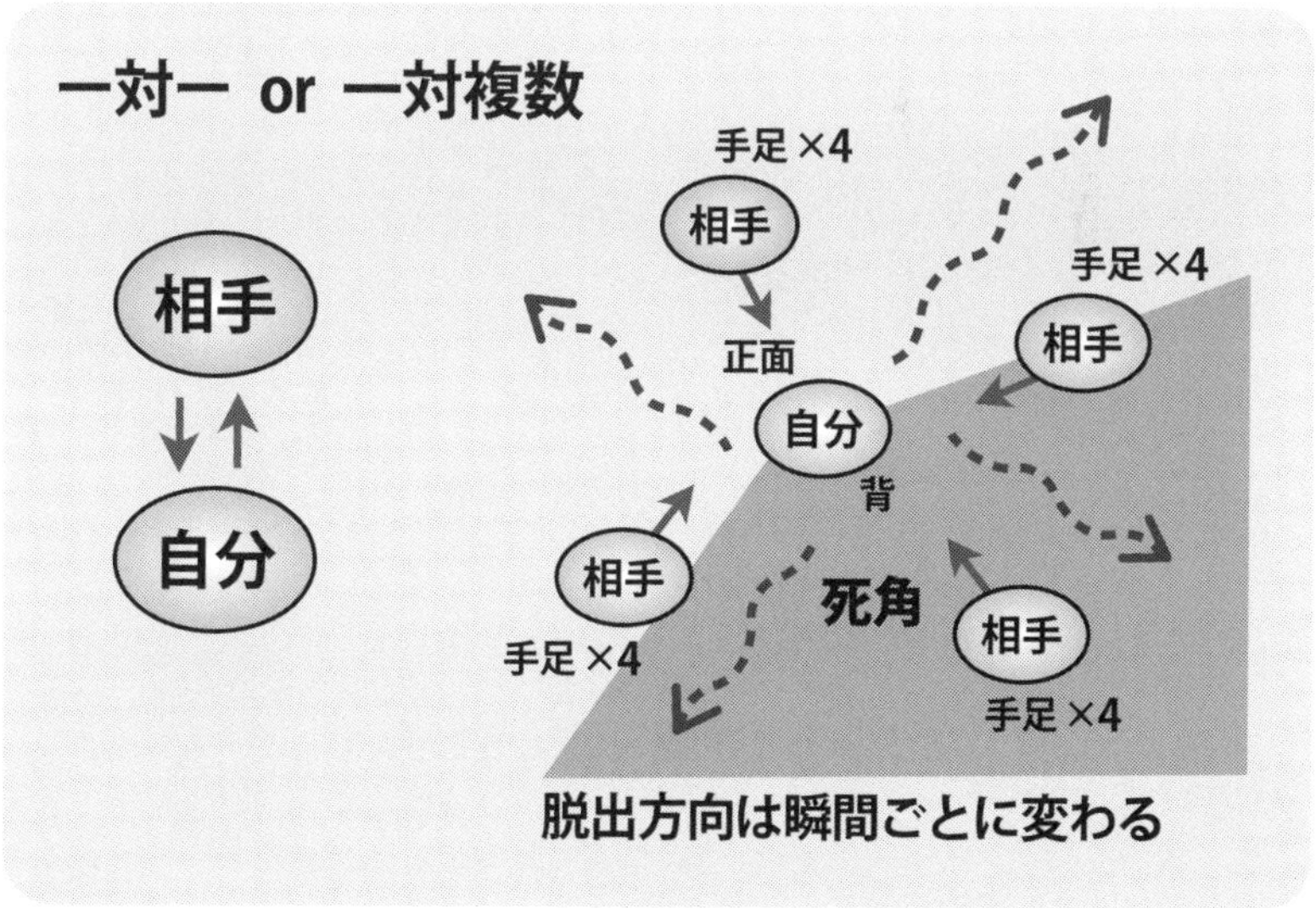

れる心配がない。その反面、背後は閉ざされ、脱出範囲も半分だ。壁際での動作や処理法も充分に学ばないと、攻撃側のいい餌食になる。

壁は床のようなものである。背中を預け、リラックスし力を抜く。後ろには行けなくても、横や下には動ける。背中への意識を使い、上下左右の動きを学ぶ。壁を味方にすれば、向かってくる相手を振って体勢を変えたり、壁にぶつけたりして、利用できる。壁を、不利にするものや限界を与えるものと見ると、可能性が消える。

壁から離れて固まると、壁を利用できない。かといって、リラックスして寄りかかるだけでもダメだ。壁を使って動くことが大切である。壁に沿ってスライドさせたり、回転動作もあり得る。機を見て抜け出す動作を忘れてはならない。

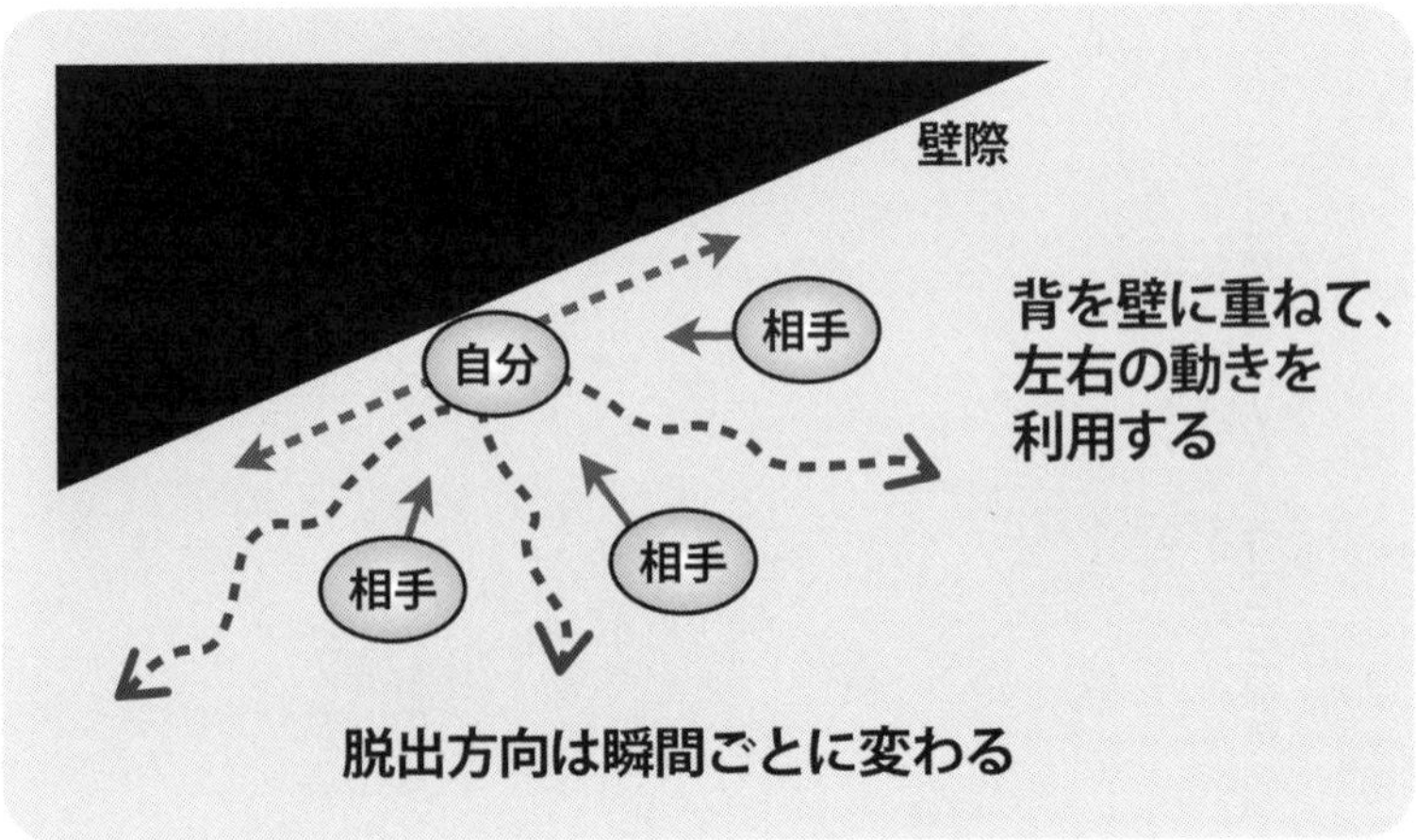
壁際
背を壁に重ねて、
左右の動きを
利用する
相手
自分
相手
相手
脱出方向は瞬間ごとに変わる

## 対刃物と対複数のポイント

### ▼垂直姿勢

刃物があると、前傾姿勢は危険である。顔や腕がいい標的になる。さらに相手が複数いれば、左右前後あらゆる方向へ注意を注がなければならない。そのため、姿勢は偏らず、必然的にまっすぐにする。

### ▼ぶつかり

多人数相手では、一人とぶつかると足が止まり、他の相手に捕まる。さらに、刃物があれば容易に刺される。

### ▼足運び

二人の間をすり抜けたり同時にかわすには、一対一で戦うのとは違ったフットワークが要求される。居着きは致命的だ。

### ▼身体の緩みと身体の細分化

複数の刃物をかわすには、身体のいろいろな部分を細分させて動かす必要がある。体を捻ったり、沈めるだけでは間に合わない。

複数＋刃物を対処するのは至難である。しかし、グループで人を切りつけることを専門にしている連中がいるわけではないから、技術的には粗雑だろう。相手は相打ちを避けるために、同時に切りつけてくるよりも、間をおいて順番にくる可能性の方が高い。

いずれにせよ、数が多いため、通常の意識で相手の意図や動作を見極めることは困難だ。対処を可能にする条件をいくつか並べてみよう。

## 対刃物・対複数の対処の流れ

**❶呼吸を整え、意識を広げる。自己に囚われず、大きな意識に気を向ける。**

**❷相手の位置や攻撃ラインを即スキャンし、かわしな**

常に安全な空間を感じ取り、そこへ移動し続け、動きながら打ち、動きながら倒していく。

がら空いている安全なスペースへ移動。視覚で全て感じられるわけではないから、身体で感じる。

❸待たない。止まらない。足が止まると囲まれやすい。囲まれると袋叩き状態になり、脱出するのが困難になる。

❹囲まれたとしても空間を探し続け、抜ける。相手に集中せず、空間に常に移動。移動すれば相手は散るから、複数同時攻撃を避けられる。だが、そこで止まらない。他の相手はすぐ後ろに来ている。

❺刃物をかわしながら相手を打ったり、一瞬で倒すように身体を細分して動かす。動きながら打ち、組まれないように倒す。相手を倒しても、組まれると最悪の状態になりかねない。

❻身体全てを総動員して防御と攻撃に使い、複数相手を中立化できる可能性を作る。

❼考えて動いてもダメである。どっちに動いていいかわからない時が多い。直感で動く。

❽以上のどの状態でも、脱出できればその場から立ち去るのが一番賢明だ。

## システマの寝技と組み合い

「路上闘争の80％は、グラウンドに倒れ込む」
（ホリオン・グレイシー）

グレイシー柔術は80年代アメリカに進出した頃、路上の争いの８割はグラウンドに持ち込まれるという売りで広まっていった。90年代初頭のＵＦＣ開催後、その勢力は爆発するが、日本では著名な格闘家たちがその効果性を否定した。グラウンド状態になる前に打撃で倒すという信念があったからだ。その後、グレイシー柔術は打撃格闘家をことごとく圧倒し、批判者の信念を砕き、彼らの口を完全に塞いだ。

ポイントは、喧嘩や争いに巻き込まれれば、グラウンドに倒れたり、移行する可能性が高く、その時に、倒れた体勢での動き方を知らなければ、いくら立ち技の打撃に優れていても、対処が困難になるということである。８割という数字は疑問視しても、多くが地面にもつれ込むことは確かである。

グラウンドの攻防を知らないと、必然的にグラウンドを嫌い、怖がる。打撃格闘家や武器術の専門家の多くがそうであるように、身体が無意識に硬直する。その恐怖心は、立っていてもすでに存在するのである。そんな状態では、立ってどんな動作をやっても緊張（テンション）が残り、自由に動く妨げとなる。

ほとんどの武術は、立技系か寝技系のどちらかに分かれる。柔道も現代では８割が立ち技で、寝技は２割である。ブラジリアン柔術はその逆だ。

システマは両方均等に行われる、というよりも、その隔たりがない。便宜上分けて考えるが、実際には立技と寝技が別々に存在するのではなく、同じ技（動き）を違った体勢で行うだけのことである。

立っている時に〝こうする〟、寝ている時に〝こうする〟ではなく、〝こうする〟ことを寝ていても、立っていても、しゃがんでいても、膝をついた状態でも、どんな体勢からでもできるようにする。そうすると、グラウンドへの移行がスムーズになるだけでなく、立ちの対処法に相乗効果が出る。

もっと重要なことは、競技化された寝技系武術とは、根本的に戦う観念が異なることである。グラウンド状態でも、武器や複数対処を考えるのがシステマである。であるから、柔道、柔術、サンボ、レスリングなどの動きを借りても、技や、倒すことに固執しない。護身であれば、脱出が基本である。

刃物を持った相手とグラウンドで格闘になれば、その動きは競技のようにはいかない。複数相手に絡み合ってしまったら、自殺行為に等しいのである。組まずに、掴まらずに相手を対処したい。だから、動き方と身体の特質に重点が置かれる。

さらに重要なのは、組み合うことに慣れていないと、他人に触れたり触れられることにいつまでも違和感がある。押されたり掴まれたりしたら、身体が硬直するのも当然である。人を身体全体で感じ、感触を掴むには、寝技が一番の方法である。相手を肌で感じることは、武術には不可欠だ。

人によっては、嫌な感触を与えるだろう。それが相手の硬さであったり、粗雑さであったりする……。嫌だと思えば、それは自分のテンションを上げる。

路上で、どんな人間にどんな土壌で襲われるかわからない。清潔な人に清潔な場所で襲われることはまずない。システマでは、土やコンクリート上での組み合い攻防も練習する。硬い地面での転がり方は、さらに繊細な身体の動かし方が要求されるのだ。マットや畳上で行う受け身や倒れ方では、路上なら怪我をする。

## 寝技を知らないことによるリスク

▼地面や床を恐がり、嫌い、抵抗するから、身体が硬い。

▼立ち打撃しか知らないと、戦いの半分以下の空間範囲でしか可動できないことになる。

▼実際に倒れ込んだ時の自分の動き方と、相手の対処がわからない。

▼関節の処理感覚に欠ける。

▼転倒動作や回転動作を学ばないと、動作範囲が狭く、平衡感覚に欠け、身体に余裕がなくなる。

▼肌と肌で他人を感じることに欠ける。

## システマ式寝技攻防

▼刃物を持った相手と絡み合うのは、自殺行為に近い。グラウンド状態でも、刃物から逃れたり、組み合いを避けられるような動きを学ぶ。

▼複数から攻撃を受ければ、寝技系武術の組み合い攻防だけでは到底間に合わない。常に脱出する動きが基本である。一旦捕まると、脱出が非常に困難だ。だから組み合えない。

▼組み合う、締める、関節を取ることは、相手と強い結びつきを生じるので避けたい。何にも固執せず脱出し、自由性を保つ。

グラウンド状態でも組み合いは避け、どんな体勢でも効果的な打撃を出せるようにする。

**▼関節を折る、極めるなら、一瞬であって動きの過程だ。終わりではない。**
**▼グローブ着用では、劣勢から打ってもあまり効果ないが、素手の打撃はいろいろな体勢から効果的に出せる。それを利用して脱出する。**
**▼現代環境では地面がコンクリートであるため、硬い地面での倒れ方、転がり方、動き方を身につける必要がある。それは、柔道や合気道の受け身とは異なる。**
**▼グラウンドへの移行がスムーズに行われれば、スタンドとグラウンドの隔たりがなくなり、隙がなくなる。「立・座・寝」の移行を無理なくできるようにする。**
**▼転がりながら、どんな体勢からでも手足の打撃がかわせたり、逆に打撃を出せるようにする。胴体の緩みがその鍵だ。**

システマは、現代の柔道や柔術より「柔術」である。「柔よく剛を制す」とは、システマによりふさわしい言葉だ。現代柔道のように競技に走ると、パワーゲームになり、原理は二の次になる。三船十段のような柔道は、今どこにも見られない。ブラジルに渡った柔術も世界に広まり、似たような道を進んでいる……。

## ■おわりに

システマは誰にでもできる。全ての人がやるべきものだろう。肉体的な争いだけが武術ではない。人は常に戦っている。愛するもの同士の仲違い、見知らぬ人との接し方、自己の中にある葛藤、全ては〝戦い〟の場である。

システマを通して武術の原理を学ぶことは、人生の原理を知ることに結びつき、それは単に役立つどころか、人生を変えることさえ可能だ。

自分を知り、他人を知り、世界を知る。心身を開けば、学校では学べない貴重な教えが溢れ出てくる。システマは、技や戦闘法などで定義されるものではなく、個人それぞれの能力や段階で定まるものである。目が不自由でも、歩けなくても、両手がなくてもできることを追求するものである。

その反面、現実的には、システマは万人がやるものではないだろう。表向きは大衆的だが、その奥には深い世界がある。大衆が好む世界ではない。はっきりした体系や技もない。自分を知り、探求し、ユニークに表現していくことは、大衆にはわかりづらい世界であり、進めば進むほど壁に当たる旅となる。

どこまで進むかは、個人次第だ。免状もないしランクもないから、社会的な達成感があるものではない。あるのは、解放感、生存感、高揚感、そして人生の探求と指針であり、一生使える知恵だ。それを身体全体、全身全霊をもって体験できるものである。それに比べれば、メダルや、帯、名声、一時の優越感は大した意味はないだろう。

何のために武術を学ぶのかを、知る必要がある。競技に勝ちたい。剣に憧れ、剣だけを学びたい。喧嘩に強くなりたい。黒帯になりたい……。どんな目標やゴールを設定しても、狭い世界のものだ。そうであれば、戦うことが目的、目標になっていく。しかし、戦ってしまうとその虜になり、本来ある貴重な教えが遠ざかっていくのである。

何でも起こりうる日常生活の中で、様々な事象に対して戦っている自分を見れば、武道が教えるものは、戦いではなく戦わない道を切り開いていくものだということがわかってくる。それには、戦うことをしっかり体験しないと理解できないのも事実だ。そのための武術である。それを学ぶのに、システマほど適したものはないと思う。

この本に書いた様々な原理は、お互い交差し、絡み合って意味をなす。そのため、一つの原理を独立して考えても、あまり意味がない。原理はもっと詳細にある。教えることも学ぶことも、無限にあるわけである。

システマから何を学べて、どれだけ自分の人生に役立つのか、少しはわかっていただけただろうか？　教えは目の前にある。知恵を得るか、意識を変えるか、貴重な体験をするかしないかは、読者次第だ。出版にあたり、ご協力いただいたＢＡＢジャパン一同に深く感謝する次第である。

コンバット・システマ
三谷愛武
SystemaLosAngeles.com
Facebook/SystemaLA
Systemala@gmail.com
http://systemala.blog.fc2.com/（日本語ブログ）

**著者◎三谷愛武**　Manami Mitani

システマ・ロサンゼルス代表。多数の武術を修行し、ポール・ブナックからJKD路上戦法、ヒクソン・グレーシーより柔術とバーリトゥードを伝授される。パット・ストロング（ブルース・リー直伝）に導かれ、武術の原理に目覚める。その後、システマ指導者のマーティン・ウィーラーに出会い、ミカエル・リャブコ、ヴラディミア・ヴァシリエフのシステマに傾倒。現在は米国にて独自のシステマ観と練習体系を指導中。指導・監修DVDに『技術を超える動きのエッセンス ― コンバット・システマ』（BABジャパン）がある。

◎コンバット・システマ
http://systemala.blog.fc2.com/

実演モデル ● 三谷愛武／鈴木公志／田中大悟／三木正彦／リック・ミッチェル
写真撮影 ● 中島ミノル
本文イラスト ● 月山きらら
本文デザイン ● 戸塚雪子
装丁デザイン ● 中野岳人

コンバット・システマ — テクニックを超えた自然な動きと知恵

# システマ戦闘学

COMBAT SYSTEMA — fighting principles

2017年9月15日　初版第1刷発行

著　者　三谷愛武
発行者　東口敏郎
発行所　株式会社 BAB ジャパン
〒151-0073 東京都渋谷区笹塚 1-30-11　4・5F
TEL　03-3469-0135　　FAX　03-3469-0162
URL　http://www.bab.co.jp/
E-mail　shop@bab.co.jp
郵便振替 00140-7-116767
印刷・製本　中央精版印刷株式会社

ISBN978-4-8142-0080-1 C2075

BABジャパン 新刊武術DVD
好評発売中!!
収録時間80分
本体5,000円+税
DVD VIDEO
自然だけでは動けない
どう動くかをハッキリさせる
技術を超える動きのエッセンス
コンバットシステマ
COMBAT SYSTEMA
形に囚われずに常に自由に動くことで人気を博すロシア武術・システマ。その真価を、自信を持って実現させる具体的なトレーニング法をシステマ・ロサンゼルス代表・三谷愛武が丁寧に指導。システマ学習に最適なナイフ防御&制御を、4つの層という防御コンセプトを中心に、詳細な身体の使い方で学んで行きます。
ナイフ防衛 ～動作分解とカウンター～
USAロサンゼルス
[格闘武術のメッカ]で磨かれた
闘いから生存するためのシステマ
Contents
■防御のコンセプト
(攻撃動作の認識　身を守るための"防御層")
■防御層①～胴体の動き
(肩と腰　胸と腹　3本の軸から見た動き　攻撃の質)
■防御層②～フットワーク
(横に動く　後ろに下がる　体を開く　斜めに動く　自然な歩行)
■防御層③～手の動き
(手の平　手の甲　拳　指　水平の切りに対して)
■防御層④～手以外での防御
○肘を使う　○膝を使う　○肩を使う　○足を使う
○腹・背中・胸を使う　○腰を使う
■手の操作の質
(ブロックvs.通す　掴むvs.包む　巻く　パス動作)
■正面以外の攻撃と様々な体勢
(横/背後からの攻撃に対して　屈んだ姿勢/膝・腰・背中をついて動く　脚のコントロール)
■関節とナイフの制御
○関節を制御する(相手の腕を様々に動かし関節の曲がり方を学ぶ
○ナイフを解除する(刃に対する意識)
○攻撃を叩き落とす(足で攻撃を弾く)
■ナイフ防御のドリル
(相手に触れたまま刃をかわし続ける　目を瞑って刃をかわし続ける
片手〈片側〉で刃をかわし続ける)　○自由動作の例
指導/監修◎三谷愛武
みたに まなみ:システマ・ロサンゼルス代表　多数の武術を修行し、ポール・ブナックからJKD喧嘩殺法、ヒクソン・グレーシーより柔術とバーリトゥードを伝授される。パット・ストロング(ブルース・リー直伝)に導かれ、武術の原理に目覚める。マーティン・ウィーラーに出会いリャブコ／ヴァシリエフ系のシステマに傾倒。現在は米国にて独自のシステマ観と練習体系を指導中。
胴体・フットワーク・手・手以外の部位
4つの"防御層"で
しなやかで強靭な
守りを作る